나무, 인문학으로 읽다

나무, 인문학으로 읽다

글 · 사진 | 이정웅

발행 | 2015년 11월 10일

펴낸곳 | 도서출판 학이사
출판등록 | 제25100-2005-28호

대구광역시 달서구 문화회관11안길 22-1(장동)
전화 _ (053) 554-3431, 3432   팩시밀리 _ (053) 554-3433
홈페이지 _ http://www.학이사.kr
이메일 _ hes3431@naver.com

ISBN _ 979-11-5854-008-1 03090

* 이 책은 한국출판문화산업진흥원의
  2015 〈우수 출판콘텐츠 제작 지원〉 사업 선정작입니다.

나무, 인문학으로 읽다

글·사진 이정웅

學而思 | 학이사

　우리 조상들은 크고 오래된 나무를 신성시 여겨왔다. 태풍과 병충해 등 온갖 재난을 극복하고 살아남은 것 자체가 경이롭고, 우주와 사람들을 연결해 주는 신비로움의 대상으로 믿었기 때문이다. 이러한 믿음은 서양이라고 다를 바 없다. 나무를 우주수(宇宙樹)라고 부르며 하늘과 땅에 사는 인간 사이를 나무가 이어준다고 생각했다. 이러한 나무 숭배 사상을 알 수 있는 예로 우리 민족의 건국신화를 들 수 있다. 일연의 《삼국유사》, 〈고조선조〉에 의하면 "환웅은 무리 3천을 거느리고 태백산 꼭대기에 있는 신단수(神壇樹) 아래로 내려오니 이곳을 신시(神市)라고 했으며 이분을 환웅이라고 불렀다." "웅녀는 혼인할 상대가 없어 매일 신단수(神壇樹) 밑에서 잉태하기를 빌었다. 환웅이 잠시 사람으로 변하여 그녀와 혼인하고 아들을 잉태하여 낳으니 이름을 단군왕검(檀君王儉)이라 하였다."고 기록되어 있다.

　이 내용은 우리 민족이 하늘의 자손. 즉, 천손(天孫)으로 신단수라는 나무를 통해 지상에 내려왔으며, 환웅과 곰 사이에 태어난 단군 역시, 신단수를 통해 하늘이 점지해 태어났음을 강조하고 있다. 이런 점은 로마 건국 신화에 등장하는 티베르 강에 버려져 늑대가 키운 로물루스와 일본의 건국 신화에 등장하는 왼쪽 눈을 씻을 때 태어났다는 아마테라스의 후손들과는 많은 차이가 있다. 즉, 로마나 일본의 시조가 형제나 부부의 싸움, 즉 폭력을 통해 태어났다면 우리 민족은 나무, 곧 평화를 통해 태어난 것이다.

또한, 호랑이와 곰을 길들이는 과정도 폭력이나 전쟁이 아니라, 쑥과 마늘이었다는 점에서 다른 나라의 건국신화와 크게 다르다. 우주목 신화는 그 후 삼한에도 이어져 소도(蘇塗)라고 하여 각 고을에 방울과 북을 단 큰 나무를 세우고 천신(天神)에게 제사를 지냈으며, 이 독특한 문화는 솟대와 당산목으로 지금까지 전해오고 있다.

이런 점에서 나이 많고 경륜이 있는 사람을 일러 살아 있는 도서관이라고 한다면, 오랫동안 이 땅에 살아온 노거수는 살아 있는 생명 문화재라고 할 수 있다.

노거수를 신성시한 예는 우리 민족의 건국신화에서만 등장한 것은 아니다. 석가모니는 룸비니 동산에서 무우수 가지를 잡고 태어났으며, 보리수 아래에서 도를 깨우쳤고 사라수 아래에서 돌아가셨다. 석가모니의 일생 중 가장 극적인 행위는 모두 나무로부터 비롯되었다고 할 수 있다. 이를 두고 불교계에서는 '불교의 3대 성수'라 하여 매우 신성시 하고 있다. 예수가 태어나자 동방박사 세 사람이 각기 보물을 한 가지씩 가지고 가서 경배(敬拜)했는데 그 세 가지 보물 중 황금을 제외한 두 가지는 나무에서 추출된 물질이다. 즉 유향(乳香)은 유향나무에서, 몰약(沒藥)은 몰약나무에서 생산된 것이다. 인류를 구원하겠다는 큰 뜻을 품고 태어난 성인의 일생 역시 나무와 뗄 수 없다는 사실을 알 수 있다. 특히 오랫동안 살아온 나무는 그 긴 세월만큼이나 많은 이야기를 간직하고 있어 우리 인간들에게 위안과 교훈을 준다.

이 책에서는 나무를 자연 과학적 입장에서보다는 그 나무가 그곳에서 자라오기까지의 긴 세월 동안 켜켜이 쌓인 나이테만큼이나 숨어 있는 이야기들을 인문학적인 입장에서 밝혀 보기로 하였다. 다시 말해서 나무의 잎이 무슨 모양인지, 가지는 어떻게 뻗었는지, 어떤 토양에서 잘 자라는지, 과일의 크기는 어떤지, 꽃은 무슨 색깔인지 등을 보기보다는 언제 무슨 연유로 누가 심었는지, 그분은 어떤 분인지, 지역사회와 어떤 관련이 있는지 등을 알아보는 것이다. 나무는 신이 인간에 내린 고귀한 선물이다. 나무와 이야기할 기회가 주어진데 대해 무한한 감사를 느낀다. 다만 아직도 많은 노거수가 개발이라는 핑계로 지상에서 사라지고, 어떤 나무는 당국의 무관심으로 서서히 말라가고 있다. 더 늦기 전에 보호수 또는 기념물로 지정해야 할 것이다. 특히 병해충의 피해나, 태풍 등 재해로 멸실될 것을 대비해 유전자 확보나 접목 등을 통해 개체를 증식해 둘 필요가 있다. 현장에 가보면 시, 군의 홈페이지 내용과 현지 안내판의 내용이 달라 혼란스러운 경우도 있다. 나무 높이나 크기는 가변성이 있어 차이가 나도 문제 될 것이 없으나 관련 사람의 이름이나 출생과 사망 연도, 역사적 사건은 일치시키는 것이 바람직할 것이다.

2015년 10월
이 정 웅

책을 펴내며 • 4

강원·경기·서울권

경복궁 후원의 앵두나무 · 강화초지진의 소나무 · 시흥시 조남동 측백나무 · 영월 청령포의 관음송 · 정여창 고택의 백석류 · 손기정체육공원의 핀 오크

아버지 세종을 위해 앵두나무를 심다

경복궁 후원의 앵두나무

《궁궐의 우리나무》(박상진, 2001, 눌와)에서는 우리 나무 문화에 대해 귀중한 정보를 제공해 준다. 경복궁, 창덕궁, 창경궁, 덕수궁과 종묘 주변에 심어져 있는 나무를 일일이 조사해 우리나라 궁궐조경에 사용했던 나무들을 알 수 있게 됐기 때문이다.

그중 필자의 눈길을 끄는 곳은 경복궁이다. 임란 때 불타고 고종 때 새로 짓기는 했으나 우리나라의 대표적인 궁궐이기 때문이다. 특히, 왕후의 거처인 교태전 뒤에 조성한 아미산의 꽃담과 화단, 수목 등은 조선 시대 조경 기법이 잘 보존된 공간이라고 할 수 있다.

많은 나무 중에서 가장 관심을 보이는 나무가 앵두나무다. 《궁궐의 우리나무》에 의하면 경복궁에는 서어나무, 자귀나무,

문종이 아버지 세종을 위해 심었다는 앵두나무

배롱나무, 산수유, 화살나무, 왕버들, 버드나무, 능수버들, 뽕나무, 앵두나무, 말채나무, 살구나무, 돌배나무, 상수리나무, 굴참나무, 졸참나무, 갈참나무, 신갈나무, 떡갈나무, 사철나무, 불두화, 시무나무, 오리나무, 주엽나무, 전나무, 팽나무, 개나리, 가죽나무, 자작나무, 개오동나무, 모감주나무, 측백나무, 엄나무, 쉬나무, 대추나무, 은행나무, 소나무 등 모두 37종이 자라고 있다.

　대부분 우리나라 자생종이고 일부는 중국이 원산지이나 이미 오래전부터 우리나라에서 자라던 나무들이다. 따라서 최근 고택, 서원, 재실 등 전통 양식의 건물을 지으면서 외래 수종으로 도배를 하다시피 하고 있는 식재 기법은 국적을 잃은 조경이라

근정전

고 할 수 있다. 이런 점에서 경복궁 내의 수목은 우리 전통 조경의 좋은 본보기이다.

화단에 앵두나무가 심어진 데 대해서는 아주 감동적인 이야기가 전해 온다. 세종(世宗, 1397~1450)은 앵두를 무척 좋아했다고 한다. 특별한 약효가 있어서였는지 아니면 새콤달콤한 맛이 미각을 자극했는지는 알 수 없지만, 열대지방에서 생산되는 다양한 과일을 쉽게 먹을 수 있는 지금의 시점에서 보면 왕이라 해도 그 호사는 오늘날 서민만도 못했던 것 같다. 효심이 지극했던 문종은 앵두를 좋아하는 아버지를 위해 대궐 내 곳곳에 앵두

경복궁 교태전 우물

나무를 심고 가꾸었다.

조선 제5대 문종은 세종과 소헌왕후 심 씨 사이에 태어났다. 여덟 살 때 세자에 책봉되어 1451년 37세 때 아버지 세종이 돌아가시자 왕위에 올랐다. 그러나 문종 역시 건강이 좋지 않아 재위 2년 만에 사망했다. 성질이 온화하고 학문을 좋아했던 문종은 재위 기간은 비록 2년 3개월에 불과했으나, 아버지 세종의 건강이 좋지 않아 8년간 대리청정하면서 주요 국정을 수행했었기 때문에 세종 말년의 업적은 문종의 작품이라고도 할 수 있다.

재임 중《고려사》,《고려사절요》 등을 간행하고《동국병감》을 정비하여 군사 정책을 강화하였으며 변방을 군건하게 지켜 평화를 유지시켰으나 가정적으로는 불행했다. 가장 가까이에서 건강을 돌봐 주어야 할 첫째 부인은 지나친 질투로, 둘째 부인은 몸종과의 동성연애로 각기 쫓겨나고 셋째 현덕왕후를 맞아 비로소 안정을 찾아 단종을 두었다.

광장에 우뚝 선 근정전은 남쪽은 확 트이고 동, 서, 북쪽으로는 북악산, 인왕산, 낙산이 병풍처럼 감싸 안아 그런지 인구 1,000만이 사는 서울의 도심 같지 않게 조용했다.

경회루는 서쪽에 있었다. 앵두나무 있는 곳이《궁궐의 우리 나무》에 그려져 있었지만 쉽게 찾을 수 없었다. 일하는 사람이 가르쳐 준 작은 문을 통하여 들어가니 함지원이고 뒤뜰 우물가에 앵두나무가 있었다.

길게는 600여 년 전 문종이, 짧게는 150여 년 전 대원군이 중건할 때 심었다고 생각해도 나무의 크기가 너무 작아 보였다. 꽃은 지고 앵두가 익어가고 있었다. 이 앵두나무 역시 문종이 심은 나무의 새싹이 이어져 자라고 있는 수식목(手植木)이리라.

총탄의 흔적을 품고 자라다

강화초지진의 소나무

김서운 스님은 1903년에 태어났다. 속명은 김한기(金漢基)로 대구칠곡초등학교를 졸업하고 서울의 보성고보에 진학하여 신학문을 배웠으며, 유교경전과 노장철학에도 통달했다. 한편 불교에도 심취해 각황사(지금의 조계사) 학생회에 참여하여 당시 교학의 으뜸이었던 박한영, 한용운 스님 등에게 불교의 교리를 배웠다. 그는 서양 철학은 물론 불교와 유교까지 통달하여 '걸어다니는 철학 사전'이라는 별명을 얻을 정도였다. 보성고보를 졸업할 무렵 "이제 내가 더 배워야 할 것은 부처님 경전밖에 없다."고 선언할 만큼 불교에 깊이 빠져있었다. 하지만 고시공부에 전념해 공직자가 되었다.

47세 되던 1950년에 서울전매서장이 되었다. 6·25전쟁이 터

포탄의 흔적을 안고 자라는 초지진 소나무

졌을 때 미처 피난을 가지 못한 그는 서울에 남아 있었다. 9·28 수복 후 '인민군에게 부역했다'는 누명을 쓰고 헌병대로 끌려가 한 달 동안 혹독한 고문을 받았다. 무혐의로 석방되기는 했으나 집에 돌아와 보니 외동딸 혜숙이 25세의 나이로 죽은 뒤였다. 아버지가 죄 없이 끌려가는 것을 보고 충격을 받아 병을 얻어 끝내 이승을 떠났던 것이다. 이에 회의를 느낀 그는 공주 마곡사의 제산스님을 은사로 출가했다.

초지진 성벽

　경북 상주의 갑장사 등에서 정진을 하던 중 불교정화운동이
일어나자 동산·효봉 큰스님이 서울로 불러와 종단의 중책을 맡
겼다. 고위공직자였던 스님은 모든 일을 누구보다 능숙하게 일
을 처리했다. 이런 일로 총무원장을 세 번이나 역임했고, 동국
학원 이사장을 두 번이나 맡으며 한국불교를 크게 중흥시켰다.

　1983년부터 전등사에 주석하면서 참선 수행에만 전념했다.
1995년 11월 15일 여느 날처럼 자리에서 일어나 "나는 오늘 갈

초지진 앞바다

것이다. 오고 감이 없는 곳에서 새로운 삶을 살 것이다. 내가 죽
거든 내 몸에서 사리를 수습하지 말 것이며 다비식도 조촐하게
해라. 낡은 몸을 태우는 일에 돈을 낭비하는 것은 불조를 욕되
게 하는 짓이다." 라는 말씀을 남기고 열반했다. 세수 93세, 법
랍 45세였다. 공교로운 것은 출가일과 득도일, 열반일이 똑같
았던 것이다.

  강화초지진(江華草芝鎭, 사적 제225호)은 해상으로부터 침입해 오
는 적을 막기 위해 1656년(효종 7)에 구축한 요새이다. 주변이 매
립되어 그런지 바다와 다소 떨어져 있고, 규모도 작아 대수롭지
않은 곳으로 여겨졌다. 그러나 돈대 앞쪽의 소나무 두 그루가

여느 소나무와 달리 모양이 아름다웠다. 가까이 가 보니 총탄의 흔적이 남아 있다는 설명문이 있어 범상한 곳이 아니라는 생각이 들었다.

신미, 병인양요와 운양호사건을 지켜보며 우리 조선군의 처참한 패전을 온몸으로 지켜온 나무라는 것을 알 수 있었다.

병인양요(丙寅洋擾)는 대원군의 가톨릭 탄압으로 1866년(고종 3)에 프랑스함대가 강화도를 침범한 사건이고, 신미양요(辛未洋擾)는 1871년(고종 8)에 미국 아세아함대가 강화도 해협에 침입한 사건이다. 대동강에서 불탄 제너럴셔먼호 사건에 대한 문책과 함께 조선과의 통상조약을 맺고자 하였으나 격퇴시킨 사건이다. 운양호사건은 1875년(고종 12) 일본 군함 운양호가 강화 해협에 침입한 사건으로 이듬해 강화도조약(병자수호조약)을 체결하면서 일본에 인천, 원산, 부산항을 개방하게 되었다.

강화초지진에서 일어난 이 사건들은 좋게 말하면 정조준도 되지 않는 열악한 무기로 우리 것을 지키려고 몸부림쳤던 사건이고, 나쁘게 말하면 개혁과 개방으로 가는 세계사의 흐름을 읽지 못해 문고리를 안으로 잠근 체 쇄국(鎖國)의 길로 치달아 불행을 자초한 사건이다.

초지진의 소나무는 서해의 모진 바닷바람을 맞으며 그때의 상처를 품고, 격변의 시대를 증언하며 자라는 나무이다.

아버지의 명복을 빌며 나무를 심다

시흥시 조남동 측백나무

 시흥시가 시정을 소개하면서 스스로 '보물창고'라고 했듯이
옛사람이 심은 나무나 꽃을 찾아다니는 사람에게 시흥은 매우
흥미로운 고장이다.

 조선 초기 이름난 재상 하연(1376~1453)이 심은 느티나무가 있
는가 하면, 역시 비슷한 시기에 문신으로 활동했던 동향인 강희
맹(1424~1483)이 중국에서 돌아오는 길에 남경의 전당지에서 연
밥을 가져와 재배한 관곡지가 있고, 조선 후기 효종의 비 인선
왕후(1618~1674)가 친정아버지의 명복을 빌기 위해 법련사를 짓
고 그곳에 심었다는 측백나무가 있기 때문이다. 특히, 인선왕후
가 심은 측백나무는 수령이 370여 년으로 단목(單木)으로는 우
리나라에서 가장 오래되었을 뿐만 아니라, 조선의 많은 왕비 중

인선왕후가 심었다고 알려진 측백나무

법련사

에서 유일하게 나무를 남긴 분이어서 흥미를 더 했다.

　아버지 장유(張維, 1587~1638)는 조선 후기 이름난 문신이다. 본관은 덕수(德水), 아호는 계곡(谿谷)이며 임란 시 이·형조판서를 지낸 장운익(張雲翼)과 밀양 박씨 사이의 둘째 아들로 태어났다. 김장생의 제자로 1609년(광해군 1) 문과에 급제했으며 어릴 때부터 친하게 지냈던 최명길, 조익, 이시백 등 모두가 최고 관직인 정승에 오른 별난 기록의 보유자이기도 하다. 인조반정에 가담하여 정사공신이 되었으나 모시던 임금을 쫓아낸 일을 늘 부끄럽게 생각하며 일부 공신의 전횡에 비판적이었다. 병자호란 때에는 최명길과 더불어 주화론(主和論)을 펼쳐 난을 수습하는 데 이바지했다.

오랑캐라 부른 청나라 황제에게 머리를 조아려 신하의 나라로 전락했기에 백성들의 분노가 들끓었고 일부 중신들마저 끝까지 항전을 주장할 때였다. 따라서 그의 주장은 명분에서는 밀렸으나 떠돌며 굶주림에 떨던 백성의 고통을 생각한다면 현실적인 선택이었다고도 볼 수 있을 것이다.

천문지리, 의술, 병서, 그림, 글씨에 능통했고 특히 문장에 뛰어나 신흠, 이식, 이정구와 더불어 조선 문학의 4대가로 불린다. 돌아가기 1년 전 우의정에 제수되었으나 곧 사직했다. 사후 신풍 부원군에 봉해지고 영의정에 추증되었다.

인선왕후는 이런 장유의 딸로 13살 때 한 살 아래인 봉림대군과 혼인했다. 소현세자와 봉림대군이 청나라 수도 심양으로 끌려가 8여 년 동안 볼모로 있다 함께 귀국했다. 청나라의 문물을 받아들이려는 소현세자가 아버지 인조에 의해 독살되자 봉림대군이 왕위에 오르니 조선 제17대 효종의 비(妃)가 되었다. 태종이 왕자의 난을 일으켜 왕위에 오르고, 세조가 조카 단종을 몰아내고 권력을 잡았던 데에 비하면 손쉽게 권좌에 올랐다고 할 수 있다.

친청파인 소현세자와 달리 절치부심했을 효종이 선택한 정책은 북벌(北伐)이었다. 아내인 인선왕후도 남편과 뜻을 같이했다. 그 예로 우리나라 전통 이불의 적(赤)·청(靑)색은 유사시 군복으로 대체하기 위해 인선왕후가 고안한 데서 비롯되었다고 한다.

효종은 김자점 등 친청파(親淸派)를 몰아내고 김상헌, 송시열 등 친명파(親明派)를 중용했다. 군사력 증강 등 군사제도를 정비하는 한편 농업 생산력 증대, 상평통보 발행 등 나라를 다스리는 데에도 많은 노력을 기울였다. 그러나 재위 10여 년 만에 병사하니 모든 계획이 수포로 돌아갔다.

우리나라에서 측백나무 한 그루가 천연기념물로 지정된 것은 서울 삼청동 총리 공관에 있는 단 한 그루뿐이다. 그러나 이 나무는 인선왕후가 심은 측백나무보다 수령이 30~40년 더 처진다. 이런 점에서 조선의 많은 왕비 중 유일하게 나무를 심고 그 나무가 현재까지 살아 있는 것은 이 나무밖에 없는 점을 고려하여 보호수보다 격을 높일 필요가 있을 것이다.

영월 청령포의 관음송

단종을 이야기하려면 빼놓을 수 없는 인물이 세조다. 어린 조카를 몰아내고 왕좌를 빼앗은 것도 모자라 수많은 충신을 죽이고 왕위에 올랐기 때문이다. 그의 잘못과 집권의 부당성에 대해서는 많은 논의가 있었고 오랜 세월이 지난 지금도 포악한 왕으로 회자된다. 그러나 아이러니하게도 두 그루의 소나무를 남겼으니 직접적으로는 보은의 정이품송(正二品松, 천연기념물 제103호)이고, 간접적으로는 영월의 관음송(觀音松, 천연기념물 제349호)이다.

보은의 정이품송은 세조가 요양 차 속리산을 찾는 길에 갑자기 내린 소나기로 어가(御駕)를 나무 밑으로 옮기려 하자 가지에 걸려 움직일 수 없었다. 그때 '가마가 걸렸구나!' 하자 스스로

단종이 걸터 앉았던 관음송

가지를 들어 올려 비를 피할 수 있도록 하여 정이품(正二品)이라는 높은 벼슬을 주었다는 데서 유래된 나무이며, 영월의 관음송은 단종이 노산군(魯山君)으로 강등되어 청령포에서 유배생활을 할 때 그의 비참한 모습을 지켜본 나무다.

청령포는 겉으로 보기에는 우리나라 어느 지역보다 평화롭고 아름다운 자연환경을 가진 곳이다. 그러나 나룻배 등 특별한 교통수단 없이는 왕래가 불가능한 오지 중의 오지이다. 이런 깊은 산골에 보내 놓고도 안심이 안 된 세조는 금표비를 세워 자유롭게 다닐 수 있는 거리마저 제한했다. 왕의 자리에서 쫓겨나 울분을 삭이며 시간을 보내야 했던 단종은 노산대(魯山臺)에 올라 할아버지 세종으로부터 귀여움을 받던 추억이며, 두 살 위이지만 오누이처럼 정답게 지냈던 왕후 생각으로 하루도 편할 날이 없었을 것이다.

단종의 유배생활을 지켜보고〔觀〕, 울분의 소리〔音〕를 들었다고 관음송(觀音松)이라 부른다. 장릉(莊陵, 단종의 능, 사적 제196호)을 먼저 보는 것이 청령포를 이해하는 데 도움이 될 것같아 장릉에 먼저 들렀다. 사약을 받고 강물에 던져진 시신은 삼족을 멸하는 벌을 줌에도 불구하고 호장 엄흥도가 수습해 비밀리에 묻었는데 그 곳을 우여곡절 끝에 찾아낸 곳이 장릉이다.

단종이 머물던 곳은 정비가 잘 되어 있었다. 관심은 관음송이다. 가지가 둘로 갈라진 부분에 단종이 걸터앉아 울분과 회한, 외로움으로 몸부림칠 때 그를 지켜주고 위로해 주었던 나무다. 특히, 주변의 많은 소나무 중에서 담 밖의 한 소나무가 단종이 머물던 곳을 향해 읍하는 자세로 자라는 것도 특이했다.

그러나 그로부터 600여 년이 지난 지금 세조의 순행(巡行)길을 도왔던 정이품송은 가지가 부러지는 등 수난을 당한 데 비해 단종의 한을 품고 자라는 관음송은 생육이 왕성하고 전형적인 한국 소나무의 특징을 잘 나타내고 있다.

단종은 유배생활의 소회를 한 편의 시로 남겼다.

천추의 원한을 가슴 깊이 품은 채
적막한 영월 땅 황량한 산속에서
만고의 외로운 혼이 홀로 헤매는 데
푸른 숲은 옛 동산에 우거졌구나
고개 위의 소나무는 삼계에 늙었고
냇물은 돌에 부딪쳐 소란도 하다
산이 깊어 맹수도 득실거리니
저물기 전에 사립문을 닫노라

어린 나이에 졸지에 왕의 자리를 내주고 죄인의 신분으로 맹수들이 우글거리는 적막한 오지에서 물소리와 바람 소리를 들으며 외롭게 생활하고 있는 자신의 처지를 잘 그리고 있다.

그러나 포악한 세조였지만 나무에 고위직의 벼슬을 주는 아량을 보이고, 또 다른 한 가지 좋은 일은 국립수목원을 있게 한 점이다. 우리나라를 대표하는 국립수목원은 한때 광릉수목원으로 불린 세조 능원(陵園)의 일부다. 조선은 능참봉이라는 직제를 둘만큼 역대 왕들의 묘역을 잘 지켜 세계문화유산으로 지정될 수 있었듯이 광릉이 있었기에 국립수목원이 들어설 수 있었다.

특히, 세조는 자기 묘역의 풀 한 포기도 뽑지 말라는 유언을 남겼을 만큼 무덤 보전에 애착을 가졌다고 한다.

주인의 취향에 따라 흰 꽃을 피우다

정여창 고택의 백석류

경남 함양은 우(右) 안동 즉, 경상 우도의 안동이라고 일컬어
질 만큼 훌륭한 선비들이 많이 배출된 문향(文鄕)이다. 따라서
그와 관련된 서원과 고택 등 유적도 많다.

지리산을 안고 있어 경관도 수려하다. 특히 용추, 칠선, 한신
등 물이 맑고 아름다운 계곡은 여름철 피서하기 좋은 곳이다.
그중에서 남덕유산에서 발원한 금천(남강의 상류)이 흘러내리는
화림계곡은 냇가에 기이한 바위가 즐비해 있고 담(潭)과 소(沼)
를 만든다. 그 길이가 60리로 하류의 농월정에 이르러서는 반
석 위로 흐르는 맑은 물이 주변의 소나무와 어우러져 한 폭의
산수화와 같은 곳이다.

우리나라의 정자 문화의 메카라고 불리는 곳답게 계곡 중간

맹부의 백석류

중간에 동호정, 군자정, 거연정 등이 자리 잡고 있으며 고색창
연한 정자들과 기암괴석이 잘 어우러진 곳이다. 계곡은 아니지
만, 함양의 대표적인 인물인 일두 정여창(鄭汝昌, 1450~1504) 고택
도 볼만한 곳이다.

정여창은 김굉필, 조광조, 이언적, 이황과 더불어 동방 5현의
한 분으로 문묘에 모셔진 자랑스러운 분이다. 한성부 좌윤 정육
을의 아들로서 1450년(세종 35) 함양군 지곡면에서 출생하였고
본관은 하동이다.

1490년(성종 21)에 문과에 급제, 지리산 등에서 성리학을 연구하였으며 공리공론을 벗어나 실천 철학자로서 독서를 주로 하였고 도학(道學)으로는 당시 최고였었다. 한훤당 김굉필과 더불어 우리나라 유학의 핵심적 부분인 이기론(理氣論, 이(理)와 기(氣)의 개념으로 자연·인간·사회의 존재와 운동을 설명하는 기본 이론)의 발전에 이바지했다. 안음(안의) 현감 재직 시 주민들의 복지 향상에 주력하며 선정을 펼쳤다.

1498년(연산군 4) 점필재 김종직의 제자라는 이유로 하여 무오사화에 연루되어 함경도 종성으로 유배되었다가 그곳에서 생을 마감했다. 갑자사화 시에는 가장 큰 형벌 중 하나인 부관참시 되었다. 1517년(중종12)에 문인으로서는 최고의 직함인 대광보국숭록대부 겸 우의정에 추증되었고 1575년(선조 8)에 문헌공(文獻公)으로 시호를 받았다. 1610년(광해군 2)에 문묘에 배향되었으며 저서로 《문헌공실기》가 있다.

고택은 선생이 타계한 지 1세기 후에 후손들에 의하여 중건되었고 10,000㎡의 넓은 대지에 잘 구획된 12동의 건물을 배치하여 경남 지방의 대표적 양반가옥으로 평가된다. 솟을대문에 충. 효 정려 편액 5점이 걸려 있다. 문헌세가(文獻世家), 충효절의(忠孝節義), 백세청풍(白世淸風) 등이 쓰인 사랑채는 앞쪽에 달아낸

백석류꽃

칸살이 있으며 높직한 댓돌 위에 세워져 있다. 사랑채 옆의 일 각문을 거쳐 안채 영역으로 들어갈 수 있는데 일각문을 들어서 면 또 한 번 중문을 통과하게 된다.

고택의 명칭은 건물주 이름을 따서 '정병호 가옥'이라 한다. TV 드라마 〈토지〉의 촬영 장소로 이용되면서부터 널리 알려져 많은 탐방객의 발길이 이어지고 있다.

어느 5월 동료들과 함께 고택을 찾았다. 최치원이 함양 태수 로 있을 때 조성한 우리나라에서 가장 오래된 호안림(護岸林)인 상림(천연기념물 제154호)과 역시 함양군수로 있을 때 죽은 아이 를 위로하기 위해 점필재 김종직이 심었다는 함양초등학교 교 정의 느티나무를 보고 정여창 고택(중요민속자료 제186호)으로 향 했다.

규모가 크고 잘 보전된 데 놀랐다. 집안도 정갈하게 꾸며 놓 았다. 그러나 눈을 끌게 한 것은 한 그루 작은 석류나무였다. 흔히 주변에서 쉽게 관찰되는 붉은 꽃의 석류가 아니라 흰 꽃 이었기 때문이다. 고택을 답사해 보면 사대부 집마다 주인의 취향에 따라 꽃과 나무를 심는다. 대게 매화, 모란, 국화, 소나 무, 능소화 등이다. 그런데 지금까지 보지 못했던 흰 꽃이 피는 석류였다.

어디서 구해 심었을까 이름은 무엇일까 오랫동안 내 머리 속을 떠나지 않고 있었다. 이 의문은 중국 맹자의 후손들이 사는 맹부(孟府)에서 그것도 오랜 시간이 지난 뒤에 알게 되어 그동안 밀렸던 숙제를 해결할 수 있었다.

맹부는 규모는 작으나 정원은 아기자기하게 가꾸어 놓았다. 물론 향나무나 측백나무가 주종을 이루고 있지만, 우리나라에서 볼 수 없는 이름 모를 식물들이 많았다. 맹부의 중간쯤에서 막 피기 시작하는 흰색 석류꽃을 보았다. 친절하게도 팻말에 백석류(白石榴)로 표기되어 이름과 원산지가 중국인 것까지 알 수 있어 두 가지 의문을 동시에 알게 되었다.

히틀러에게 부상으로 받은 나무를 심다

손기정체육공원의 핀 오크

　2011년 8월, 국립대구박물관에서 '나의 조국 나의 마라톤, 마라톤 영웅 손기정' 특별전이 열렸다. 1936년 베를린올림픽 마라톤에서 우승한 손기정 선수의 금메달과 우승상장, 월계관, 그리스 청동투구(보물 제904호), 당시 신문기사 등이 전시되었다. 당시 손 선수의 우승은 나라 잃은 슬픔에 잠겼던 전 국민을 기쁨의 도가니로 몰아넣었다.

　특별전이 대구에서 개최된 이유는 그해 8월 27부터 9월 4일까지 9일 동안 세계육상선수권대회가 대구에서 열렸기 때문이다. 전시회를 통해 육상경기에 대한 시민들의 관심을 높이고, 손기정 선수처럼 우리 선수 중에서 마라톤 우승자가 나오기를 염원하는 뜻도 담았다.

히틀러로부터 부상으로 받은 손기정체육공원의 핀 오크

　세계육상선수권대회는 올림픽, 월드컵과 더불어 세계 3대 스포츠의 하나다. 그해 열렸던 대구 대회는 202개국, 6,000여 명의 선수와 임원이 참가해 역대 어느 대회보다 성대하게 치러졌다.

　손기정 선수가 히틀러로부터 부상으로 받은 나무가 소홀히 관리되고 있다는 보도를 보고 현장을 찾았다. 기사처럼 크게 부실하지는 않아 안도했다. 그러나 본래 심을 때 인도 바로 옆에 심은 것이 아쉬웠다. 뿐만 아니라, 안내문도 헷갈리는 부분이 있었다. 당시 사진을 보면 시상대에 서 있는 손기정 선수의 머리에는 월계관이, 손에는 핀 오크가 심어진 작은 화분을 들고 있다. 더욱 흥미로운 것은 태극기를 달고 시상대에 서지 못한 것이 아쉬웠던지 그 작은 화분으로 일장기를 가리려고 한 것 같은 모습이다.

지금은 그때의 영웅은 고인이 되었지만 시상식에서 부상으로 받은 나무는 손기정체육공원에서 왕성하게 자라고 있다. 어쩌면 히틀러의 체온이 밴 지구상에서 유일한 나무일 수도 있다. 전쟁을 일으켜 수없이 많은 사람을 희생시켰지만 그의 체취가 남아 있는 나무가 대한민국의 수도 한복판에서 자라고 있다는 것은 흥미로운 일이다. 서울특별시 기념물(제5호)로 보호되고 있다.

서울시 중구청 홈페이지에는 '손기정 월계관 기념수' 라 하여 '1936년 베를린 올림픽에서 마라톤 우승을 했던 손기정을 기념하여 심은 것' 이라 안내하고 있다. 손기정 선수가 부상으로 받은 묘목을 그의 모교인 양정고등학교에 심은 것이지만 양정고등학교가 다른 곳으로 옮겨진 후 이곳을 손기정체육공원으로 만들었다.

'원래 그리스에서는 지중해 부근에서 자라는 월계수의 잎이 달린 가지로 월계관을 만들었으나, 베를린 올림픽에서는 미국

핀 오크 묘목을 들고 있는 손 선수

참나무 잎이 달린 가지를 대신 사용하였다. 현재 손기정 월계수
도 월계수가 아니라 미국 참나무다.' 라 적어놓고, 현장에 세워
둔 표지석에는 '월계수'로, 안내판에는 '손기정 월계관 기념
수'로 표기해 놓았으며 나무 이름은 핀(Pin)-오크(Oak) 즉, 대왕
참나무라고 해 혼란스럽게 한다.

　지중해 연안이 원산지인 월계수와는 무관하게 독일에서 개최
한 대회였던 만큼 월계수가 아닌 점은 분명하나 미국 참나무라
는 점은 이해하기 어렵다. 차라리 표제를 '마라톤 우승자 손기

정 선수 부상목(副賞木) 핀 오크'로, 본문을 '손기정 선수가 히틀러에게 부상으로 받은 나무로 수종은 핀 오크이며 우리나라에서는 대왕 참나무로 불린다.'라고 하는 것이 이해하기 쉬울 것 같다.

핀 오크(Pin oak)가 미국이 원산지라는 것도 검증이 요구된다. 히틀러가 사이가 좋지 않았던 미국이 원산지인 나무를 부상으로 시상한다는 것도 이치에 맞지 않기 때문이다. 이런 점에서 핀 오크를 굳이 미국 참나무라고 표현할 필요는 없을 것이다.

대왕 참나무라는 표현 역시 본래 이름의 뜻을 살려 핀 오크나 우리말 바늘잎 참나무라고 부르면 좋을 것이다.

나무에 인접한 인도를 우회시켜 뿌리가 뻗을 공간을 넓혀 주면 좋을 것이다. 비록 한 그루의 나무이기는 하나 이 나무는 민족의 애환이 서려 있는 귀중한 생명문화유산이기 때문이다.

경남 · 울산권

울산의 오색팔중산춘 · 윤장과 합천 묵와 고가의 모과
나무 · 사명대사와 표충비각의 향나무 · 정온 종택의
매화나무 · 한용운과 사천 다솔사 황금편백나무 · 손관
과 혜산서원 차나무 · 주이와 합천 호연정 은행나무

울산의 오색팔중산춘

　임진왜란을 통해 일본은 조선의 많은 사람을 살상시키고 포로로 끌고 간 것 외에도 귀중한 문화재를 약탈해 갔다. 그러나 그것만이 아니었다. 희귀한 나무까지도 가져갔다. 노성환의 《일본에 남은 임진왜란》에 의하면 그들이 가져간 나무 중에는 현재 일본의 천연기념물로 지정된 나무도 있다. 교활한 그들은 생과 사의 갈림길에서도 조선의 희귀한 나무를 채집해 갔다.

　교토 지장원(地藏院)의 명물 오색팔중산춘(五色八重散椿) 즉, '울산 동백나무'와 나고야 성의 '조선소철'은 가토 기요마사가, 다카마츠시 법천사의 '소철'은 이코마 치카마사와 카즈마사 부자(父子)가, 센다이의 '조선 매화'는 다테 마사무네가, 다케다시 영웅사(英雄寺)의 '조선 목단'은 나가가와히데나라가, 야나

400년 만에 돌아온 울산 동백 3세

가와 혼고가와의 춘양목은 다치바나무네시게가, 가나자와 옥
천원(玉泉園)에 있는 '조선오엽송'은 포로로 끌려간 김여철(광산
김씨)이 고향을 잊지 못해 누군가 일본에 가져간 것을 사서 심은
것이다.

억울하게 납치되어 간 그들이 일본의 명물이 되는 역설적인
현실이 한편으로는 서글프고 다른 한편으로는 반갑기도 하다.

만개한 울산 동백

특히 나고야 성 광택사(廣澤寺)의 소철은 일본의 천연기념물로,
법천사의 소철은 다카마츠시의 명목으로 지정되었다. 이들 중
유일하게 귀국한 나무가 울산 동백(오색팔중산춘)이다. 오색팔중
산춘이라는 긴 이름은 여느 동백나무와 달리 다섯 색깔로 꽃이
피고, 꽃잎이 여덟 겹이며, 통꽃이 그대로 떨어지는 동백나무
와 달리 꽃잎이 하나하나 흩어져 떨어져서 붙인 이름이다.

늦은 4월 울산으로 향했다. 혹시 꽃이 지기라도 했다면 어떻게 할까 걱정했으나 다행히 볼만했다. 울산 시청의 화단에는 안내판과 CCTV를 설치해 놓아 보호에 많은 정성을 기울이고 있음을 알 수 있었다. '울산이 원산지로 임진왜란 때 울산을 점령한 왜장 가토기요마사가 일본으로 가져가 도요토미 히데요시에게 바쳐져 교토 지장원(일명, 쓰바키데라, 椿寺)에서 키워진 3세로 1992년 5월 27일 일본 교토 지장원에서 환국하여 심어졌음'이라고 식수 경위를 설명하고 있다. 나무를 둘러보고 울산 시청 당직실을 찾았더니 모두 친절했다. 관광안내 책자를 얻어 서생포 왜성으로 향했다. 조선 침략의 교두보로 활용했다는 성이라 규모가 클 것이라고 생각했으나 작고 허물어져 있었고 남문 쪽의 성벽만 비교적 온전하게 남아 있었다. 당시는 바다와 접했을 것이나 간척 탓인지 지금은 뱃길이 끊겼다. 몇 장의 사진을 찍고 돌아오는 길에 시청 여직원이 참고하라며 챙겨준 울산시 건축주택과 서상호 사무관이 쓴 자료를 보았더니 울산 동백을 가져간 곳이 서생포 왜성이 아니라 울산 왜성 즉 학성공원이었다.

삼중스님이 주관하여 수고 0.4m 정도의 세 그루를 가져와 독립기념관과 사천 조명군총에 각기 한 그루씩 심었으나 울산 시청에 심은 것만 살아남아 현재 2.5m로 자랐다. 서 사무관은 울산에서만 살아남은 이유를 '조상들이 살던 땅이라는 귀향 본능'에 의한 것이라고 했다. 농업기술센터에서 90여 그루를 증식 중이다. 학성공원은 태화강 바로 옆에 있었다. 가파르고 숲이 울창했다. 정상에 오르니 울산 시가지가 한눈에 들어왔다. 이곳이 1597년 12월 23일부터 이듬해 1월 4일까지 13일간 조선군 11,500명과 명나라군 36,000명의 연합군이 가토 기요마사가 이끄는 왜군 60,000명과 치렀던 울산 전투의 현장이라니 믿어지지 않았다. 왜적들은 추위와 식량과 식수난으로 전투용 말을 잡아먹고 굶주린 배를 채우기 위해 종이와 흙을 끓여 먹으며 버텼다고 한다. 많은 세월이 흘렀지만, 전쟁의 상흔은 곳곳에 남아 있었다. 울산 동백의 원산지라고 하나 그 흔적을 찾을 수 없다. 소철, 매화 등 다른 나무들의 2세나 3세도 돌아왔으면 하나 그렇지 않으면 직접 찾아가 한을 품으며 사는 그들을 위로라도 해 주고 싶다.

벼슬을 버리고 돌아와 나무를 심다

윤장과 합천 묵와 고가의 모과나무

  잘 생긴 소나무(천연기념물 제289호) 한 그루를 보기 위해 경남 합천군 묘산면 화양리로 향했다. 해인사 나들목을 빠져 나와 야로를 거처 묘산면사무소로 가는 도로변에 소나무와 묵와 고가를 알리는 안내판이 있었다. 조금 더 들어가니 길이 두 갈래였다. 이미 이곳을 와 본 일행이 곧장 가면 소나무가 있는 곳이고 왼쪽으로 난 길을 따라가면 묵와 고가가 있다고 했다. 일단 처음 목표로 삼았던 소나무를 먼저 보고 내려오는 길에 고가를 둘러보기로 했다. 소나무는 찻길이 끝나는 곳 오른쪽 아래에 늠름하게 서 있었다. 수령 400여 년, 수고 17.5m로 좋은 환경에서 자라서 그런지 사방 어느 곳에서 보아도 명품 소나무가 틀림없다. 내려오는 길에 묵와 고가를 찾았다가 다시 한 번 놀랐다. 이

화양리의 잘 생긴 소나무(천연기념물 제289호)

런 깊은 골짜기에 큰 규모의 고택이 있을 것이라고는 상상도 못했기 때문이다. 열린 문을 통해 안으로 들어가 두리번거리고 있는데 한 아주머니가 들어왔다. 안주인 황정아 여사였다. 명문 경북여고 출신이라며 대구에서 왔다니 더 반갑다고 했다.

묵와 고가(중요민속문화재 제206호)는 선조 때 선전관을 역임한 윤사성(尹思晟)이 지었으며 원래는 대지 600평에 100여 칸에 이르렀다고 한다. 그러나 세월이 흐르면서 거듭 퇴락하여 지금은 많이 축소되었다고 한다. 더는 비워둘 수 없어 황 여사 내외분이 도시 생활을 접고 귀향했는데 좀 더 일찍 돌아오지 못한 것을 후회했다. 안채(중요민속문화재 206-1호)를 거쳐 후원에 이르니 거대한 모과나무가 우리를 압도했다.

수양대군이 단종의 왕위를 뺏기 위해 일으킨 계유정난(癸酉靖難) 시 화를 입은 김종서의 사촌 처남이었던 입향조 윤장(尹將)이 벼슬을 버리고 이곳에 은거할 때 심은 것이라고 한다. 줄기가 일부 썩었으나 아직도 강건하고 나무의 높이도 20여 미터로 자주 목격되는 키가 작은 다른 모과나무와 달랐다. 품새나 수령으로 볼 때 천연기념물로도 손색없을 것으로 보이나 보호수에 그쳤다. 누마루가 아름다운 사랑채(중요민속문화재 제206-2호)에서 황 여사로부터 집안 내력을 잠시 들었다.

건물의 규모에 비해 굴뚝이 낮고 어떤 것은 축대에 구멍을 뚫어 굴뚝을 대용했는데 이는 밥 짓는 연기가 멀리 나가는 것을 막아 끼니를 거르는 이웃을 배려하려는 의도였다고 한다. 묵와 윤우(1784~1836) 대에 이르러 중흥기를 맞았던 것 같다. 아버지 윤경목과 어머니 합천 이씨 사이에 태어난 윤우는 어려서부터 글을 읽기를 좋아해 거창에 거주하던 같은 이름 높은 선비 현와 (弦窩) 윤동야(尹東野)로부터 글을 배웠다. 스승인 현와는 "장차 이 아이 때문에 내 이름은 필시 가려질 것이다."라고 했다. 1816년(순조 16) 윤우의 나이 33세 때 아버지 참의공이 돌아가시 니 예법을 다해 장례를 치르고 비를 세웠다. 이후 관직에 나아 가는 것을 포기하고 동향의 묵산 문해구(文海龜, 1776~1849)와 더 불어 이연서원(伊淵書院)에서 향리의 청년들을 모아 강론을 펼쳐 합천의 문풍 진작(振作)에 힘썼다. 어머님의 간청으로 과거에 응 시, 마침내 성균관 진사에 뽑혔다. 평소 잘 알고 지내던 재상이 찾아와 승진을 도와주겠으니 뇌물을 쓰라고 했으나 거절하며 분수대로 살았다.

　1836년(헌종 2) 53세로 돌아가셨다. 지천명을 불과 3년 넘긴 나 이였다. 부인 해주 정씨와의 사이에 6형제를 두었다. '공은 덕 성이 깊고 뜻이 높고 밝았으며 정정당당한 식견과 엄밀하게 지 키는 법도는 실로 그 속을 헤아리기 어렵다'고 전한다. 윤우의 후손 중 근세에 두드러진 인물은 만송(晩松) 윤중수(尹中洙,

1891~1931)다. 만송은 3·1 독립만세운동에 유림이 참여하지 못한 것을 안타깝게 여겨 파리 평화회의에 보낼 '독립청원'에 동참할 동지를 모으기 위해 활동하고, 천 석의 재산을 독립군을 양성하는데 내놓는 등 조국 해방운동을 전개하다가 만주 무순에서 왜경에 체포되어 6개월의 옥고를 치르고 고향에 돌아와 병으로 영면하니 41세였다.

1990년 건국훈장애족장이 추서되었다.

나무를 심어 우국충정을 기리다

사명대사와 표충비각의 향나무

　임란 시 승군(僧軍) 지휘자로, 전란 수습의 외교관으로 큰 공
을 세운 사명대사를 기리는 표충비(表忠碑)를 세우고 그 일을 기
념하기 위해서 나무(무안리 향나무, 경상남도 기념물 제119호)를 심은
태허당(泰虛堂) 남붕 선사가 어떤 스님인지를 알아보는 데에는
한계가 있었다. 밀양시에서 나온 자료는 물론 표충사 사적기를
들춰보아도 별다른 문서를 입수할 수 없었다. 태허당이 세운 표
충비(경상남도 유형문화재 제15호)는 일명 '땀 흘리는 비'이다. 3·1
운동 등 나라에 큰 변고가 있을 때 불가사의하게도 땀을 흘렸다
고 한다. 비문은 이의현(李宜顯)이 짓고, 글은 김진상(金鎭商)이,
전액(篆額)은 유척기(兪拓基)가 썼다. 이의현과 유척기는 영조 재
위 중 정승을, 김진상은 판서를 지낸 명신들이다. 성리학이 지

남붕 선사가 심은 향나무

배하던 시대에 스님의 비문을 이런 이름난 문신(文臣)들이 대거 참여해 작성했다는 것은 스님이 특별히 존경 받을만한 인물이 었기에 가능한 일이다. 스님은 법명이 유정(惟政), 당호는 사명(四溟) 또는 송운(松雲)이었다. 1544년(중종 39)년 밀양에서 임수성(任守城)의 둘째 아들로 태어났다. 본관은 풍천(豊川)으로 속가의 이름은 응규(應奎)였다. 15세에 어머니를. 이듬해에는 아버지를 여의는 불행을 겪었다. 그 뒤 김천 황악산 직지사에서 신묵 화상을 은사로 출가했다. 1561년(명종 16) 승과에 급제했다. 1575년(선조 8) 봉은사 주지로 천거되었으나 사양하고 묘향산으로 들

땀 흘리는 비가 있는 표충비각

어가 서산대사의 제자가 되었다. 3년 동안 고된 수련 생활을 마
치고 금강산, 팔공산, 태백산, 청량산 등 명산대천을 주유하며
수행했다. 스님이 임란의 소용돌이에 휩싸인 것은 1592년(선조
25) 그의 나이 49세로 금강산 유점사에 있을 때이다. 강원도 고
성 지역을 노략질하고 있던 왜장을 만나 사람을 함부로 죽여서
는 안 된다고 타일렀다고 한다. 그는 의병을 모아 스승 서산대
사 휘하로 갔다. 이때 서산은 이미 승군 총사령관으로 활동할
때였다. 그러나 연로하여 책임을 다할 수 없게 되자 사명(四溟)
으로 하여금 그 권한을 이어받도록 했다. 이듬해 지원군으로 온

명나라 군사들과 함께 왜장 소서행장이 점령하고 있던 평양성을 탈환하는데 큰 공을 세웠다. 1593년(선조 26) 서울의 삼각산 부근의 노원평(중랑천을 낀 마들 평야)과 우관동(우이동) 전투에서 적 47명의 목을 베는 큰 전과를 올렸다. 선조는 대사에게 선교양종판사(禪教兩宗判事)에 이어 절충장군 호분위상호군(虎賁偉上護軍)이라는 직책을 부여, 승려에게는 파격적인 당상직(堂上職)을 제수했다. 그 후 울산에 머물고 있는 가토 기요마사 진중에 3차례나 방문하여 적진의 내부를 살펴보는 역량을 발휘했다. 그러나 임란 중 대사가 이루었던 가장 큰 업적은 일본에 잡혀간 무고한 우리 백성 3,500명을 데리고 와서 가족의 품으로 되돌려 준 일이라고 할 수 있다. 1604년(선조 37) 그는 왕이 준 국서를 휴대하고 일본으로 건너갔다. 도요토미 히데요시 사후 이제 막 정권을 잡은 덕천가강(德川家康)과 담판하여 마침내 전쟁 중에 포로로 잡혀간 백성들을 되돌려 받아 귀국길에 올랐기 때문이다. 귀국 후 선무원종일등공신(宣武原從一等功臣)에 녹훈되고 가의대부(嘉義大夫)로 봉해졌으며 3대에 걸쳐 벼슬이 추증되었다. 그해 묘향산을 찾아 이미 입적한 서산대사의 부도 앞에 절하며 통곡했다. 1610년(광해 2) 병이 깊어 가야산 해인사 홍제암에서 휴식을 취하던 중 입적하니 세수 67, 법랍 51이다. 시호는 자통홍제존자(慈通弘濟尊者)다.

1738년(영조 14) 남붕 선사(南鵬禪師, 스님의 5대 법손)가 스님을 기리기 위해 심은 향나무는 높이 1.5m 정도에서 가지를 수평으로 뻗었으며, 수관(樹冠) 폭은 10m 정도로 이중으로 지주를 받쳐 보호하고 있었다. 원추형으로 자라는 일반 향나무와는 수관 형성에 큰 차이가 있다. 지금도 잘 보전하고 있지만 앞으로도 끊임없이 보살펴 깊은 산중에서 홀로 수행하기보다 위기에 처한 나라를 구하기 위해 온몸을 던진 스님의 우국충정이 많은 사람에게 본보기가 되게 했으면 한다.

　또한, 나라가 어려울 때마다 흘렸다는 땀도 더는 흘리지 않도록 모든 정치하는 사람은 사익보다 공익을 우선해 정치를 펼쳤으면 한다. 크기는 안동 와룡면의 진성 이씨 종택의 뚝향나무에 비할 바 못 되나 자라는 형태는 비슷하고 지금까지 생육 상태 역시 양호하다.

벼슬을 버리고 매화처럼 살다

정온 종택의 매화나무

병자호란은 문화 선진국일 뿐 아니라, 임란 때 조선을 도와준 명나라를 존경해 온 조선 지식인들의 가치관에 크게 혼란을 주었다. 특히, 근본이 오랑캐인 청에 끝까지 싸워야 한다는 척화파와 비록 오랑캐지만 막강한 그들에게 대든다는 것은 많은 희생이 따르기 때문에 화의를 맺는 것이 바람직하다는 주화파로 갈라졌다. 결과는 주화론자의 입장이 받아들여졌지만 역사는 척화론자들에게 더 후한 점수를 주었다. 그때 척화의 대표적인 인물 중 한 분이 동계(桐溪) 정온(鄭蘊,1569~1641)이다. 선생은 본관이 초계(草溪)로 아호는 동계, 진사 정유명과 어머니 강 씨 사이에 태어났다. 1610년(광해군 2) 문과에 급제하여 사간원 정언 등을 역임했다. 영창대군이 강화부사 정항에 의해서 피살되자 상소를 올려 그를 처벌할 것과 당시 일어나고 있던 폐모론의 부당함을 주장했다. 이에 격분한 광해군은 영돈녕부사 이원익, 영의정 기자헌, 좌의정 심희수, 우의정 정창연의 반대에도 불구하고 제주도로 유배 보냈다. 그 뒤 인조반정 때까지 10년 동안 유배지에 있으면서 학문을 게을리 하지 않고 중국 옛 성현들의 명언을 모은 《덕변록(德辨錄)》을 지어 생활신조로 삼았다. 인조반정 후 사간·이조참의·대사간·대제학·이조참판 등 요직을 역임했다. 특히, 언관으로 있으면서 반정 공신들의 비리와 병권 장악을 공격하였다. 1636년(인조 14) 병자호란 때에는 이조참판으로서 최명길(崔鳴吉) 등의 화의 주장을 적극적으로 반대했다. 강화도가 함락되고 항복이 결정되자 오랑캐에게 항복하는 수치를 참을 수 없다고 하며 자결을 시도했으나 주위의 만류로 목숨을 부지했다. 그 뒤 관직을 단념하고 덕유산에 들어가 초근목피로 생계를 유지하다가 유명을 달리했다. 숙종 때 영의정에 추증되었다. 어려서부터 남명 조식과 정인홍을 사사하여 그의 강개한 기질과 학통을 전수받았다. 1607년(선조 40) 유영경 등 소북파를 탄핵하다가 처벌을 받자 정인홍을 변호하는 상소를 올렸다. 그러나 이후 격화된 당쟁 속에서 정온과 그 후손들은 남인으로 당파를 바꾸었다. 조선 후기 숭명배청 사상이 고조되는 분위기 속에서 같은 척화론자였던 김상헌보다 크게 추앙받지 못

동계의 증손자 정중원이 심은 매화나무

한 것은 집권당인 노론이 아니고 남인이었던 데 연유한다. 이
황-정구-허목으로 이어지는 기호남인 학통 수립에도 큰 구실
을 하였다. 제주의 귤림서원, 함양의 남계서원 등에 배향되었
다. 시호는 문간(文簡)이며 문집으로 〈동계집〉이 있다.

　명소 수승대와 거창 신씨 집성촌인 황산 마을을 둘러보고 동
계 종택(중요민속자료 제205호)으로 향했다. 솟을대문 입구의 상단

동계종택의 사랑채

에 '문간공동계정온지문(文簡公桐溪鄭蘊之門)'이라는 숙종이 내린 시호가 붙어있는 것이 여느 사대부가와 달랐다. 사랑채 역시 규모가 컸고 왼쪽의 누마루에 문을 달아 방으로 사용할 수 있도록 해 놓은 것과 눈썹지붕이 특이했다. 불천위 사당에는 정온의 절의를 기리는 정조의 어제(御製) 시판이 있다.

사랑채 마당 오른쪽에 큰 매화가 한 그루 서 있었다. 15대 종손 정완수(鄭完秀)님에게 누가 심은 것이냐고 물었더니 매화를 좋아했던 정온을 기려 증손자 정중원(鄭重元,1659~1726)이 심었다는데 그렇다면 수령이 300여 년이나 된다. 매화를 잘 안다는 어

숙종이 내린 문액

느 방문객이 200여 년 정도로 추정해 난감해 했다고 한다. 아호
가 천옹으로 1678년(숙종 4) 진사시에 합격 광릉 참봉, 동몽교관,
소수서원 원장을 지냈으며 학문이 깊고 많은 글을 남겼다. 전국
의 많은 고매(古梅)들이 그렇듯이 이 매화나무 역시 원 둥치는
죽고 맹아가 자란 것이 분명해 보였다. 그렇다면 종손의 주장이
틀리지 않는다. 종손과 종부가 집을 지키고 있어 그런지 넓은
집안이 매우 정갈했다. 솜씨 좋은 종부께서 400년 대물림해 온
손맛을 살려 된장, 고추장, 간장을 생산하며 명문가 전통 장류
(醬類)의 맥을 이어오고 있는 것도 남달랐다.

회갑을 맞아 나무를 심다

한용운과 사천 다솔사 황금편백나무

스님은 1879년(고종 16) 충남 홍성 출신으로 농민운동과 의병 활동이 치열하던 시기에 청소년기를 보냈다. 27세 때 고향을 떠나 강원도 백담사 등을 전전하며 불교에 심취한 것으로 알려졌다. 1905년(고종 42) 전영제 스승으로부터 계(戒)를 받고 승려의 길로 들어섰다. 이후 일본으로 건너가 각지를 돌아다니며 견문을 넓혔다. 이러한 경험이 그의 사상 형성에 많은 영향을 끼쳤다고 한다.

1910년 일제에 나라를 빼앗겼다. 이듬해인 송광사로 간 스님은 박한영, 진진응, 김종래 등과 '승려궐기대회'를 개최하여 일본의 조동종(曹洞宗)과 한국 불교를 통합하려는 이회동 등의 친일 행위를 규탄하고 이어 1914년 조선불교회장에 취임했다.

만해 한용운이 심은 황금편백나무

1919년 3·1운동 때 민족대표 33인의 한 사람으로 참여했으나 곧 체포되어 징역 3년을 선고받았다. 출옥 후 오히려 그의 독립운동은 더 활발해져 인재 양성에 필요한 대학 설립운동, 물산장려운동을 위해 뛰었다. 1924년 조선불교청년회 총재, 1927년 신간회 중앙 집행위원과 경성(서울) 지회장, 1930년에는 김법린, 최범술 등이 조직한 청년법려 비밀결사인 만당(卍當)의 당수(黨首)로 추대되고, 1931년 잡지 《불교》를 인수하여 사장(社長)이

되었다. 또한, 1940년 창씨개명 반대운동에 참여하고, 1943년 조선인 학병 출정반대운동을 전개했다. 이후에도 일제의 강압 통치를 반대하고 총독부가 마주 보이는 것조차 싫다며 문이 북쪽으로 난 성북동 집에 살다가 광복을 1년 여 앞두고 66세 나이로 돌아가셨다.

스님은 조선 불교 유신론을 통해 불교 개혁을 강력하게 주장했고 〈님의 침묵〉 등 시, 시조, 소설 등 문학가로서도 훌륭한 업적을 남겼다. 다솔사는 유서 깊은 절이다. 신라 불교를 반석에 올려놓은 자장율사와 화엄종조인 의상대사, 풍수지리설의 비조 도선국사, 고려 말의 이름난 스님 나옹화상이 불법을 펼친 곳이자 만해스님이 이곳에서 독립선언문을 기초했으며, 소설가 김동리가 그의 대표작 〈등신불(等身佛)〉을 집필하고, 한국 전통 다도의 새 장을 열었다는 최범술 선생이《한국의 다도》를 펴낸 곳이다.

절은 생각했던 것보다 크지 않았다. 여느 사람들과 같이 부처님의 진신사리(眞身舍利)를 친견하는 것으로 참배를 시작했지만, 마음은 황금편백나무에 가 있었다. 주위를 살피기 시작했다. 제헌국회 의원을 지낸 최범술, 문교부 장관을 지낸 김법린, 동양철학자이자 김동리 선생의 형인 김범부 등 당대의 명사들이 스님의 회갑(1939년 8월 29일)을 맞아 기념으로 심었다면 절의 한가

다솔사 적멸보궁

운데나 대중들이 잘 보이는 곳에 심었을 것이라는 생각에서 였다. 그러나 내 짐작은 빗나갔다. 대웅전 앞마당 오른쪽 옆으로 난 작은 길을 통해 나가니 대양루(경상남도 유형문화재 제83호) 동쪽 비탈진 곳에 황금편백나무가 하늘을 찌를 듯 서 있었다. 그러나 어디에도 만해 스님이 회갑 때 심었다는 안내판은 없었다. 편백 중에서 잎의 가장자리에 황금빛이 도는 것이 황금편백나무다. 기후에 잘 맞아 그런지 마음껏 자란 것 같다. 찬찬히 살펴보니 그곳 말고도 봉명산을 오르는 등산로 쪽 밭둑에도 몇 그루 더 있었다.

백성을 위해 차나무를 심다

손관과 혜산서원 차나무

경상남도 밀양시 산외면 다죽리는 본관지가 안동 일직(一直)
인 일직 손씨의 집성촌이다. 마을 한가운데 자리 잡은 혜산서원
(惠山書院)에는 정평공(靖平公) 손홍양(孫洪亮, 1287~1379), 격재(格齋)
손조서(孫肇瑞, 1412~1473), 모당(慕堂) 손처눌(孫處訥, 1553~1634), 문
탄(文灘) 손린(孫燐, 1566~1628), 윤암(兪庵) 손우남(孫宇男, 1564~1623)
다섯 분을 배향하고 있다. 그러나 원래부터 다섯 분을 모신 것
이 아니다. 격재 한 분만 모시기 위해 1753년(영조 29) 서산서원
이라는 이름으로 세워졌다. 그 후 1868년(고종 5) 전국의 수많은
서원이 훼철될 때 서산서원 역시 거센 바람을 이겨내지 못했다.
'서산 고택(西山古宅)' 또는 '철운재(徹雲齋)'라는 편액만 달고 명
맥을 유지해야 했다. 1971년 마침내 복원하게 되니 격재 외 네

진성현감 손관이 가져와 심었다는 혜산서원 차나무

분을 더하고 이름 또한 '혜산' 으로 바꾸었다.

경북 안동에서 진성 현감으로 재직하다가 가져와서 심었다는 600년 된 차나무가 어떤 모습으로 자라고 있는지 궁금했다. 들판이 황금물결로 넘실대는 시월 초순 혜산서원을 찾았다. 청도와 인접해서 그런지 집집이 주황색 감이 주렁주렁 달려 있고, 고가(古家)들이 즐비한 것이 반촌임이 역력했다. 마침 차나무가 꽃을 피우고 있어 때를 맞춰 잘 찾아왔다. 그러나 서원의 문은 열려 있으나 안내 받을 사람이 없어 그냥 구경만 해야 했다. 배향된 다섯 분 중 격재 손조서(1412~1473)는 1412년(태종12) 경북

소나무로 단장된 혜산서원 입구

안동 일직면 송리에서 출생해 아버지 손관(孫寬)을 따라 밀양으로 이주했다. 1435년(세종17) 문과에 급제해 사헌부 감찰, 병조정랑을 거쳐 집현전 학사로 박팽년, 성삼문 등과 한림원에서 함께 근무했다. 1453년(단종 원년) 외직으로 옮겨 봉산 군사로 재임 중에 1456년(세조2) 성삼문 등이 단종의 복위를 꾀하다가 순절하자 벼슬을 버리고 고향으로 돌아왔다. 세조가 여러 번 불렀으나 끝내 나아가지 않았다. 시문에 능했으며 도학이 깊어 《심경연의(心經衍義)》, 《근사록연의(近思錄衍義)》를 지었고 김굉필, 정여창 등 거유들이 손조서에게 사사하였고 문장, 학문으로 점필재와 아울러 당대 최고 선비였다. 많은 사람이 가르침을 받기 위해 원근에서 찾아왔으나 문을 닫고 살다가 1473년(성종4)에 돌아가시니 향년 61세였다. 1812년(순조12) 이조참의, 양관제학에 추증됨과 함께 그 자손에게 잡역을 면제하게 했다. 유집 1권이 전하고 있다.

서원 안에는 600년 된 차나무가 있다. 전해오는 이야기에 의하면 장흥 고사와 진성 현감을 지낸 격재의 아버지 손관(孫寬, ?~?)이 안동 일직에서 외가인 밀양 산외로 들어올 때 가져와 심은 것이라 한다. 그러나 문제는 안동이 차나무 재배의 적지가 아니라는 데 있다. 관목(灌木)으로 천 년도 더 사는 영주 부석사의 골담초(일명 선비화)와 비교할 때 600년이라는 세월은 그리 긴 것은 아니다. 또한, 세상에는 불가사의한 일이 많아 이야기를 그대로 받아드려야겠지만 정황을 살펴보면 안동에서 가져온 것이 아닐 수 있다. 이런 점에서 점필재 김종직으로부터 얻어와서 심은 것이 아닌가 하는 생각도 든다. 격재와 점필재는 같은 밀양 출신이기도 하지만 학문적으로도 통하는 학자이며, 두 분 다 외가에서 자랐으니 다른 친구들보다 동질감이 더 크고 막역했으리라 짐작된다.

점필재가 노모를 모시기 위해 외직을 자청하여 함양 군수로 있을 때, 차를 공물(供物)로 바치라는 규정에 따라 재배하지도 않는 차를 구하기 위해 군민들이 하동 등 인근 차 생산지에서 비싼 값으로 차를 사들여 세금을 내는 것을 목격했다. 훌륭한 목민관인 그는 군민들의 고통을 덜어주기 위하여 몸소 차나무 씨앗을 구해 우리나라에서 최초로 관영 다원(官營茶園)을 조성했다. 이때 친구 사이인 격재에게 한 그루를 주었을 것이고 그것을 가져와 심은 것이 아닐까 싶지만 어디까지나 추측일 뿐이다. 안동에서 가져올 상황이 아닌 점은 겨울철 기온이 낮아 차나무의 생존이 불가능하다는 점이다. 특히 당시 온실 등 보온 시설이 없었던 점을 고려하면 이해가 쉽게 된다. 그러나 심은 당사자가 누구든 차를 좋아했다는 면에서 고아한 취미를 읽을 수 있다. 마을 이름 다원(茶院)은 이 나무로부터 비롯된 이름이다.

주이와 합천 호연정 은행나무

본관지를 경북 상주로 하는 주 씨(周氏)들의 집성촌이 본향이 아닌 경남 합천 율곡면 문림리에 있다는 사실이 퍽 흥미로웠다.

중국 주나라 난왕의 후손으로 786년(신라 원성왕 2) 귀화한 그들이 본관을 상주로 한 것은 시조 주이가 상주 총관(摠管, 군사를 지휘하는 직책)으로 재임한 후 그곳에 정착한데 따른 것이라고 한다.

그들이 외진 고을 합천에 자리 잡은 것은 도은(陶隱) 주유(周瑜, 1347~1427)로부터 비롯되었다고 한다. 1367년(공민왕 16) 문과에 급제한 그는 국자감(國子監)에 근무하면서 유학 진흥에 힘썼다.

야은 길재, 상촌 김자수와 함께 근무했는데 고려가 망하자 두 임금을 섬길 수 없다하여 각기 고향인 선산과 안동으로 은거했

이요당이 심은 은행나무

다. 그러나 도은만은 상주가 너무 드러난 지역이라 은거하기에
마땅하지 않다고 생각하여 부인 청주 한씨의 외조부 이계령(李
桂齡)이 살고 있는 이곳으로 들어왔다.

상주 주씨 가문은 여초 지주사를 역임한 주세봉(周世封)으로부
터 한글학자 주시경에 이르기까지 많은 인물을 배출했다. 그러
나 그중에서 가장 널리 알려진 분은 우리나라 사액서원의 효시
가 된 소수서원을 세운 신재(愼齋) 주세붕(周世鵬)이다. 신재는 이
곳에서 태어나 7세까지 살다가 아버지를 따라 함안 칠원으로
이사 갔다고 한다.

문림리

　마을 이름 문림(文林)은 매우 특별한 내력을 간직하고 있다.
원래는 '민갓' 또는 '문갓' 이라고 하였다. 어느 날 중종(中宗)이
신재에게 출생지를 묻자 '민갓' 이라 하였더니 '선비가 숲같이
많이 나라는 뜻으로 문림(文林)으로 지어주었다' 고 한다.
　이곳 마을 앞 황강이 내려다보이는 언덕에는 아름다운 정자
호연정(浩然亭, 경남 유형문화재 제198호)이 있다. 조선 중기 학같이
고고하게 살다간 이요당 주이(周怡, 1515~1564)가 예안 현감에서
물러나 은거하며 후학을 가르치기 위해 지은 정자이다.
　그곳에는 이요당이 심은 큰 은행나무가 있다.

호연정

　주이는 아버지 주세귀(周世龜)와 어머니 창원 최씨(昌原崔氏) 사이에서 태어났다. 아호 이요당(二樂堂)은 지자요수(知者樂水) 인자요산(仁者樂山) 즉 '지혜 있는 사람은 사리에 통달하여 물과 같이 막힘이 없음으로 물을 좋아하고, 어진 사람은 의리에 밝고 산과 같이 중후하여 변하지 않음으로 산을 좋아한다.'는 말에서 따왔다고 한다.

　주이는 효성이 지극하고 배우기를 좋아했다고 한다. 어머니가 병으로 눕자 정성으로 간호해 낫게 하자 주위로부터 칭찬이

자자했다고 한다. 특히 당숙(堂叔)인 주세붕은 주이의 비범한 재능을 알고 '네야말로 우리 집안의 기둥이다'라고 하였다고 한다. 1546년(명종 15) 대과에 급제해 성균관 학정, 전적, 이조, 형조의 낭관, 춘추기주관, 도사 등 여러 벼슬을 거쳐 37세 때인 1551년(명종 6) 서장관으로 명나라에 갔을 황제 세종이 소나무 분재를 보여주면서 시를 지으라고 하자

> 작은 모래 분에서 자란 반 척의 소나무
> 한 평생 풍상 무릅쓰고 옹종하게 늙었네
> 나는 아노라 저 소나무 하늘 높이 자라지 않는 뜻을
> 사람이 곧으면 용납되지 않음을 알았기 때문이다

라는 시를 즉석에서 지었다. 이 시는 올곧은 사람이 등용되지 못하는 세태를 빗대어 쓴 것이다. 황제는 크게 칭찬하고 주이를 일러 '직불용(直不用)선생'이라 했다고 한다. 그 후 우리나라에서 사신이 갈 때마다 그곳의 학자들이 주이의 안부를 물었다고 한다.

주이는 예안 현감을 마지막으로 고향으로 돌아와 호연정을 짓고 후학을 가르치며 자연을 벗 삼아 신선처럼 살았다고 한다. 퇴계가 《신재집(愼齋集)》을 교정하다가 문제가 있으면 제자를

시켜 '글 가운데 적당하지 않는 부분이 있거든 예안공(禮安公, 이요당을 말함)과 상의하라' 하였다고 한다.

조목, 이정, 황준량 등과 교유했다. 1564년(명종 19) 병으로 돌아가니 향년 50세 한창 원숙해 지는 나이였다. 저서로《이요당 선생문집》이 있고 도연서원(道淵書院)에 제향 되었다.

비록 길지 않는 생애를 살았으나 심은 나무만은 450여 년이 지난 지금도 무성하게 가지를 뻗어 보호수로 관리되고 있다. 외교관으로, 공직자로, 학자로, 다양한 삶을 살다간 주이의 행적을 고려해 볼 때 보다 품격이 높은 문화재로 지정함이 마땅할 것 같다.

경북권

장계향 여사와 영양 낙기대 굴참나무 · 정영방과 안동 송천동 모감주나무 · 정귀령과 풍양 삼수정 회화나무 · 류성룡과 옥연정사 서애송 · 조병선의 심원정 원림과 회화나무 · 주세붕과 풍기 교촌리 은행나무 · 최진립과 경주 충의당 회화나무 · 권오상과 초간 종택의 울릉도 향나무

참나무를 심어 이웃의 배고픔을 해결하다

장계향 여사와 영양 낙기대 굴참나무

조선일보의 조용원 칼럼(2009) 〈재령 이씨 도토리 죽〉은 나무를 공부하고 있는 필자에게 큰 감동을 주었다. '영덕군 창수면 인량리 소재 재령 이씨 운악 종가(雲嶽宗家)에서는 한때 마당 6,000석의 영남 5위의 부자였다고 한다. 그러나 임진왜란과 병자호란을 맞아 경제가 망가진 데다 흉년이 자주 들어 굶어 죽는 사람이 속출하자 하인들에게 도토리를 주워 오게 하여 1년에 200여 가마를 확보해 소문을 듣고 찾아온 배고픈 사람들, 300여 명이 하루 먹을 도토리 죽을 안주인 진성 이 씨와 셋째 며느리 정부인 장 씨가 쑤어 주었다고 한다. 어떤 날은 700여 명이 찾아와서 고부(姑婦) 모두 손톱에서 피가 날 때도 있었다고 한다.' 는 내용이다.

낙기대 언덕의 장계향 여사가 심은 굴참나무

이 글은 가난한 이웃을 외면하지 않은 재령 이씨 가문의 높은 도덕성과 주로 목재나 가구재로 사용하는 참나무가 가난한 사람들의 배고픔을 해결했다는 또 다른 가치도 이해하게 되었다. 정부인 장계향(張桂香, 1598~1680) 여사는 남편 석계(石溪) 이시명(李時明, 1580~1675)과 함께 1631년(인조 9) 영덕에서 이곳 영양의 두들 마을로 분가해서 터를 잡자마자 참나무부터 먼저 심었다.

정부인 장계향 여사의 일생은 한 편의 드라마다. 퇴계학을 계

장계향 여사 상

승한 경당(敬堂) 장흥효(張興孝, 1564~1633)의 딸이자, 아버지의 수
제자인 석계 이시명의 부인이며, 존재 이휘일(李徽逸)과 갈암 이
현일(李玄逸) 형제의 어머니이자 밀암(密庵) 이재(李栽, 1657~1730)
의 할머니다. 당시 조선의 여느 며느리들과 같이 시부모를 봉양
하랴, 자식들을 돌보랴, 남편 뒷바라지하랴, 친정 보살피랴, 잠
시도 편할 날이 없었을 여사가 그런 와중에도 이웃을 보살피는
한편 자식들을 훌륭한 인물로 키웠으며 음식 문화를 이해하는
데 없어서는 안 될 명저(名著)를 남겼기 때문이다.
　저서《음식디미방》은 우리나라에서 현존하는 한글 요리서 중 가장 오래된 책이다. 특히, 조선 중기 사대부가의 요리 146종을 정리, 무려 300여 년이 지난 지금도 재현이 가능할 수 있을 만큼 꼼꼼하게 기록해 놓았다. 뿐만 아니라, 어법과 철자 등은 국문학 연구에도 많은 도움을 주고 있다고 한다. 그는 이외에도 시 9편, 서간문 1편을 남겨 문학가로서의 자질도 뛰어났음을 알 수 있다.

다음은 소녀 시절 창밖에 내리는 빗소리를 듣고 썼다는 작품 〈소소음(簫簫吟)〉이다.

> 창밖에 소록소록 비 내리는 빗소리
> 소록소록 그 소리 자연의 소리러라
> 내 지금 자연의 소리 듣고 있으니
> 내 마음도 또한 자연 그대로 일세

자녀들에게는 '너희들이 비록 글 잘한다는 소리가 들린다 해도 나는 귀하게 생각하지 않는다. 다만 착한 일 하나라도 했다는 소리가 들리면 아주 즐거워 잊어버리지 않을 것이다.' 라고 마음부터 먼저 닦을 것을 강조했다고 한다. 이러한 어머니의 자애로운 당부에 자녀들이 모두 훌륭하게 자라 성리학자와 목민관으로 사회에 공헌했다.

두들 마을을 찾은 우리 일행은 정부인 장 씨가 심었다는 참나무를 빨리 보고 싶었다. 또한 나무가 현존하는지도 궁금했다. 왜냐하면 이 정도의 미담과 역사성을 가진 나무라면 천연기념물이거나, 하다못해 경상북도 기념물로는 지정되었을 터인데 검색해 보아도 자료가 없었기 때문이다. 마을에 도착하니 비가 내렸다. 안내를 받으려고 했으나 해설사가 있는 곳을 찾을 수 없었다. 무작정 나무를 찾아 돌아다녔는데 마을 앞 정부인의 기념비가 서 있는 언덕에 큰 나무들이 무성해 가 보았더니 '굴참나무'였다.

　여러 종류의 참나무 중에서 굴참나무의 특징은 껍질이 두껍고 탄력이 있어 고급 포도주의 병마개로 이용된다. 일대에 낙기대(樂飢臺)라는 안내판이 있었다. 굶주림을 즐기는 곳이라고도 할 수 있지만 비록 굶주리지만 정부인의 갸륵한 마음씨가 즐겁게 한다는 뜻이 아닐까. 도토리는 떫다. 경상도에서는 꿀밤나무라고 하는데 이 말의 어원이 어쩌면 정부인의 이 일로부터 비롯된 것이 아닐까 하는 생각도 든다. 해방 전까지도 죽 끓이는 일이 계속되었다고 한다.

　명문 재령 이씨 가문에는 몇 종의 특별한 나무가 있다. 이곳 영양의 굴참나무를 비롯해 영덕 충효당의 은행나무는 영해파를 반석 위에 올린 이함(李涵)이 심은 나무이며, 함안 고려동의

석계고택(경북 민속자료 제91호)

자미화(배롱나무)는 고려가 망하자 이오(李午)가 남쪽으로 내려올 때 은거할 곳을 점지해 준 나무다.

낙기대의 굴참나무가 문화재로 지정되지 못한 것도 아쉽지만 효행, 부덕, 문학, 예술, 학문을 겸비했는데도 불구하고 정부인 장 씨가 신사임당에 비해 덜 알려진 점도 아쉽다. 조선 후기 권력에서 소외되었던 남인의 어머니라는 점이 그런 환경을 만들지 않았을까 싶다.

아버지가 좋아하시던 나무를 심다

정영방과 안동 송천동 모감주나무

필자는 역사성이 있는 오래된 나무가 당국의 충분한 보살핌을 받지 못하고 있는 현실을 꾸준히 지적해 왔다. 이런 점에서 안동시 송천동의 모감주나무는 안동시의 문화행정이 다른 시, 군보다 우수함을 나타내는 증표이기도 하다. 1651년(효종 2) 석문 정영방의 둘째 아들 정행(1604~1670)이 심었다고 하니 지금부터 360여 년 전의 일이다.

석문 정영방(1577~1650)은 조선 중기 성리학자다. 윤선도(1587~1617)의 '보길도 원림(명승 제34호)', 양산보(1503~1557)의 '소쇄원(명승 제40호)'과 더불어 우리나라 3대 민가(民家) 정원의 하나로 꼽히는 영양 서석지(瑞石池, 중요민속문화재 제108호)를 조성한 탁월한 조경가이기도 하다.

정영방의 둘째 아들 정행이 영양에서 가져와 심은 모감주나무

 정영방은 본관이 동래로 1577년(선조 10) 예천 용궁현 포내 (현, 풍양면 우망리)에서 태어났다. 우복 정경세로부터 학문을 배워 1605년(선조 38) 진사시에 합격했다. 학문이 깊고, 인격이 훌륭한 정영방을 아깝게 여긴 정경세가 벼슬길에 나아가기를 권했다. 그러나 당파로 싸움이 끊이지 않는 정국을 보면서 초야에 묻혀 살기를 원했다. 병자호란으로 나라가 다시 시끄러워지자 아예

모감주나무 꽃

세상과 담을 쌓기 위해 영양군 입암으로 거처를 옮겨 넷째 아들 제와 함께 지내며 경정(敬亭)을 짓고, 연못을 파서 상서로운 돌이 가득한 곳이라는 뜻에서 서석지라 이름을 붙였다.

정영방은 그곳에서 자연을 벗 삼아 소요하며 학문을 연마했다. 매(梅), 국(菊), 죽(竹)과 함께 소나무를 사우(四友)라 좋아했고, 특히, 모감주나무를 사랑했다. 이런 점에서 정영방은 모감주나무의 조경적 가치를 우리나라에서 맨 처음으로 인정한 분이 된다. 영양으로 옮겨 살기 전 안동 송천에서 읍취정을 짓고 살았는데 둘째 아들 행은 효성으로 아버지를 모셨고 1650년(효종 1) 말년에 다시 돌아와 살 때도 또한 같았다. 그러나 천명은 어쩔 수 없어 74세로 이승을 마감했다.

이듬해 정행이 아버지가 살았던 영양 자양산을 찾아가 평소 아버지가 좋아했던 나무를 가지고 와서 심은 것이 지금의 모감주나무(경상북도 기념물 제50호)다. 이런 정황으로 볼 때 이 나무를 문화재로 지정할 기회는 영양군이 많았다. 그러나 자생하고 있는 사실을 몰랐거나 설령 알았더라도 그 가치를 이해하지 못하고 있는 사이 안동시가 문화재로 지정하여 오늘에 이르렀다.

지역에 무엇이 있고, 가치가 있는 것이 무엇인지 일일이 찾아내 그것이 나무 한 그루라고 하더라도 문화재로 지정하는 이런 공무원들의 노력이 쌓여 결과적으로 안동시가 경북 도청을 유치할 수 있었던 이유다. 문화재가 많다는 것은 지역의 품격이 그만큼 높다는 것을 객관적으로 입증하는 지표가 된다.

나무가 있는 곳은 안동에서 영양으로 가는 국도변의 반변천 선어대(仙魚臺) 부근이다. 뿌리 부분이 돌 위에 일부 노출되어 생육환경이 좋지 못하다. 그러나 일제 강점기에 신작로를 내면서 밀어버리지 않은 것은 참으로 다행이다. 정행의 효심이 만들어낸 기적이 아닌가 한다.

모감주나무는 중국이 원산지로 알려진 세계적인 희귀종이다. 특히, 꽃이 귀한 6월 하순에 황금색 꽃이 피고, 단풍도 비교적 아름다워서 최근 조경수로 많이 심고 있다. 열매로 염주를 만들어 일명 염주나무라고도 한다. 충청남도 태안군 안면도 방포리 해수욕장 부근의 자생지에 대해 '중국에서 떨어진 열매가 해류를 타고 서해를 건너와 싹이 튼 것'으로 추정했다. 따라서 1962년 우리나라에서 가장 먼저 천연기념물(제138호)로 지정되었다. 그런데 안동의 모감주나무가 360여 년 전 내륙 깊숙한 영양 자양산에 자생했다는 사실은 놀라운 일이다.

대구 내곡동의 자생지는 1990년 대구시 기념물 제8호로, 포항시 동해면 발산리는 1992년 천연기념물 제371호, 전남 완도군 군외면은 2001년 천연기념물 제428호로 지정되어 정부가 보호에 앞장서고 있다. 최근 대구의 화원동산, 검단동의 왕옥산, 고산의 천을산, 경북 영천시 금호강 유역에도 군락이 발견되어 원산지에 우리나라가 포함되어야 한다는 주장이 설득력을 얻고 있다. 정행이 심었다는 사실이 일찍 알려졌다면 우리나라 식물학계에 귀중한 자료가 되었을 것인데 그렇지 못해 아쉽다.

나무를 심어 가문의 번영을 염원하다

정귀령과 풍양 삼수정 회화나무

우리나라에는 많은 성씨가 있다. 그러나 조선 왕조 500여 년 동안 최고위직인 정승(政丞)을 배출한 가문은 그리 많지 않다. 따라서 단 한 사람의 정승이라도 배출되었다면 가문의 영광이라고 할 수 있다. 자료에 따르면 우리나라에서 정승을 가장 많이 배출한 가문은 전주 이씨 22명, 안동 김씨 19명, 동래 정씨가 17명이라고 한다. 그러나 1위는 왕족이었고, 2위는 왕의 외척이라는 사실은 부인할 수 없으므로 평가가 절하되고 있다.

반면에 동래 정씨는 다르다. 즉 실력을 바탕으로 정상에 오른 사람이 많다는 점이다. 또한 동래 정씨는 시조가 왕이나 개국공신 같은 지체 높은 분이 아니라 안일호장(安逸戶長)으로 오늘날 군수 정도에 불과한 한미한 가문이었다는 점에서 더욱 돋보인다고 할 수 있다. 물론 고려조에 이미 기반을 쌓아 족세(族勢)를 넓히기는 했으나, 조선조에 와서 정승 17명과 대제학, 판서 등 많은 대과 급제자를 배출하여 명문으로 자리를 굳혔다. 이런 동래 정문의 번영은 나무를 사랑하는 한 사람에 의해 이루어졌다는 점과 그 기반이 득성지인 부산 동래가 아니라 예천의 풍양면 한적한 마을 청곡리라는 점이 또한 특이하다.

가문이 일어나는 데 초석을 놓은 정귀령은 조선 초기 결성(충남 홍성군, 광천읍 일대에 있던 고을) 현감을 지낸 분으로 짧은 관료 생활을 했지만 주민들이 송덕비를 세울 정도로 선정을 펼쳤다고 한다. 낙향한 그는 안동 구담에서 이곳 풍양면 청곡리로 거처를 옮기면서 장차 자손이 번창할 것을 염원하며 세 그루의 회화나무를 심었다. 그곳에 삼수정(三樹亭)을 짓고, 아호(雅號)도 삼수정(경상북도 문화재자료 제486호)으로 했다. 잘 알려졌다시피 모란은 부귀(富貴), 석류는 다산(多産), 소나무와 대나무는 절개(節槪)를 상징하는 나무인데 비해 회화나무는 학자나 벼슬을 상징하는 나무다.

삼수정의 다음 세대를 위한 염원이 헛되지 않아 큰 아들 정옹(鄭雍)이 1417년(태종 17) 대과에 합격하여 지례 현감으로 향교를 재건하여 학문 진흥에 힘썼고 이후 수찬(修撰)을 지냈으며, 셋째 아들 정사(鄭賜) 역시 1420년(세종 2) 문과에 합격하여 사헌부 집

정귀령이 심은 회화나무

의, 직제학, 진주 목사 등을 역임하면서 선정을 펼쳤다. 삼수정
이 80회 생신을 맞아 잔치를 여니 참석한 후손들이 관복을 벗
어 회화나무에 걸었는데 울긋불긋 오색 꽃이 핀 듯 하여 보는
이들이 감탄했다고 한다.

　후손 중 처음으로 판서(判書)에 오른 분은 정사의 아들 허백당
정난종(鄭蘭宗, 1433~1489)이다. 1456년(세조 2) 문과에 급제하여 승
문원 부정자를 시작으로 여러 벼슬을 거처 1467년(세조 13) 황해

회화나무 줄기

도 관찰사로 있을 때 '이시애 난' 평정에 공을 세우고 그후 이조, 공조, 호조판서를 역임했다. 그러나 이때까지도 아직 상신(相臣)을 배출하지 못했다. 최초로 정승에 오른 분은 허백당의 아들 수부(守夫) 정광필(鄭光弼, 1462~1538)이다. 그는 삼수정의 증손자로 1492년(성종 23) 문과에 급제하고 1504년(연산군 10) 이조참의로 있으면서 임금 연산의 사냥이 너무 잦다고 간하다가 충남 아산으로 유배되기도 했다. 중종반정 후 부제학, 그뒤 예조판서, 대제학을 거쳐 1513년(중종 8) 우의정과 좌의정에 오르고, 1516년(중종 11) 마침내 일인지하 만인지상(一人之下萬人之上)이라는 영의정에 올랐다.

1519년(중종 14) 기묘사화(己卯士禍)로 조광조와 그를 지지하는 신진 세력들이 많이 희생될 때 그들을 두둔하다가 중종의 노여움을 사서 좌천되기도 했으나 후에 다시 영의정에 복귀했다. 기묘명현(己卯名賢)의 한 분이다. 그후 12명의 정승이 배출되어 동래 정씨가 배출한 17명의 정승 중 절대다수를 차지했다.

청곡리는 생각보다 깊은 오지다. 세 그루 중 두 그루는 죽고 한 그루만 하늘 높은 줄 모르고 서 있다. 1636년(인조 14) 병자호란 때 삼수정이 불타면서 나무도 죽었는데, 1829년(순조 29)경상도 관찰사 정기선이 중건하고 난 후 한 그루에서만 움이 돋아 자란 것이라고 한다.

삼수정 주변에 잘 생긴 소나무 세 그루가 있다. 자세한 내용을 사전에 몰랐다면 삼수(三樹)라는 말이 회화나무를 두고 하는 것이 아니라 이 소나무를 두고 하는 것으로 오해할 수도 있을 것 같다는 생각이 들었다. 아쉬운 것은 삼수정이 가문의 번영을 염원하며 세 그루 심었는데 지금 한 그루만 남은 점이다. 두 그루를 더 심어 이후에도 나라에 기둥이 될 많은 인재를 나도록 배려했으면 한다.

하늘 높이 솟으면 봉황의 보금자리 되리라

류성룡과 옥연정사 서애송

임진왜란으로 조선이 초토화되면서 백성들의 고통은 말로 표현할 수 없을 만큼 비참했다. 이런 와중에 병조판서로, 재상(宰相)으로 나라를 지키기 위해 몸부림쳤던 사람이 바로 서애(西厓) 류성룡(柳成龍 1542~1607)이다. 황희, 맹사성, 채제공과 함께 조선조 4대 명재상으로 불린다.

본관은 풍산으로 1542년(중종 37) 어머니의 친정인 의성, 사촌에서 태어났다. 21세 되던 해 형 운룡과 함께 퇴계 이황의 제자가 되었다. 1566년(명종 21) 문과에 급제하고 벼슬길에 나아가 서장관으로 명나라를 다녀오는 등 승진을 거듭하며 사가독서에 뽑혔다. 이조 전랑 자리를 두고 동인과 서인으로 갈라지자 이를 크게 우려하며 벼슬을 버리고 낙향해 학문에 전념했다. 다시 형

류성룡 선생이 63세에 심은 서애송

조판서로 복직되었다가, 임란이 일어나기 한 해 전에 이조판서 겸 우의정으로 승진했다.

이때 장차 왜구의 침입이 있을 것을 예측하고 정읍 현감이었던 이순신을 전라도 좌수사로, 형조 정랑이었던 권율을 의주 목사로 천거했다.

1592년(선조 25) 4월 임진왜란이 일어나자 다급한 선조는 병조판서 겸 영의정으로 임명하여 병권과 국정을 맡기려고 하였으나 반대파의 모함으로 임명 하루 만에 취소되는 불운을 겪게 된다. 그러나 경세와 전략을 겸비한 인물로 선생보다 나은 사람이

징비록의 산실 옥연정사

없음을 알고 이듬해 다시 영의정으로 복귀시켰다. 류성룡은 전
시 행정을 총괄하면서 훈련도감을 설치하고 군사력을 증강시
키는 한편 지역 사정에 밝은 의병을 투입해 왜를 막고, 백성을
구제하는 등 민심 수습에 전력투구했다. 그러나 또다시 파당의
배척으로 권력에서 밀려났고, 그사이 이순신은 파면되고 원균
이 통제사가 되어 해전을 펼쳤으나 패하면서 곡창지대인 호남
마저 왜(倭)에 유린당하는 일이 벌어졌다.

1598년(선조 31) 반대파인 북인(北人)들은 조선과 일본이 연합하여 명을 공격하려 한다는 지원군 정응태의 무고에 대해 명나라에 가서 직접 해명하지 않는다고 탄핵하여 모든 관직을 삭탈시켰다. 온몸으로 국난 극복에 앞장섰던 선생으로서는 억울함이 뼈에 사무쳤을 것이나 더는 벼슬에 연연하지 아니하고 조용히 물러나 옥연정사(중요민속자료 제88호)에서 저술과 독서, 후학 양성으로 소일하며 임란을 연구하는 데 없어서는 안 될 귀중한 자료가 담긴 《징비록(懲毖錄)》(국보 제132호)을 펴냈다. 그후 호성공신(扈聖功臣)에 책봉되었으며 1607년(선조 40) 마침내 66세를 일기로 파란 많은 일생을 마감했다.

하회 마을에는 특이하게도 수식목이 네 그루 있다. 한 그루는 마을 한복판 입향조 류종혜(柳從惠)가 심은 수령 600여 년의 느티나무이고, 다음은 형 운룡(1539~1601)이 부용대가 누르는 기를 막기 위해 조성한 만송정(천연기념물 제473호), 그리고 서애가 만년에 옥연정사에 심은 소나무, 일명 서애송(西厓松), 13대 종부 무안 박씨가 심은 충효당 만지송이 그것이다.

류성룡은 머리글에서 '어찌하여 나이 사십이 되어 몇 그루 어린 소나무를 심는가? 인생 칠십은 예부터 드물다는데 언제 나무가 자라 그늘을 볼 것인지' 하였다는 당나라 시인 백낙천의 〈소나무를 심고〉라는 시를 생각하면서 자제들과 함께 심었다고 밝히고 있다. 시문은 다음과 같다.

북쪽 산 아래 흙을 파서 서쪽 바위 모퉁이에 소나무를 심었네.

흙은 삼태기에 차지 않고 나무 크기 한 자가 되지 않네.

흔들어 돌 틈에 옮겼으니 뿌리도 마디마디 상했으리라

땅은 높아 시원하여도 가꾸기엔 물이 적은 듯한데.

비, 이슬 젖기엔 더디면서 서리 바람 맞기엔 빠르겠구나.

늙은이 일 좋아 억지 부려 보는 이 속으로 어리석다 웃을 테지

어찌하여 늙은이 나이 들어 자라기 힘든 솔을 심었을까.

나 비록 그늘 보지 못해도 뉘라서 흙 옮겨 심은 뜻 알겠지

천 년 지나 하늘 높이 솟으면 봉황의 보금자리 되리라.

    척박한 토양과 좋지 못한 환경에 그것도 성장이 더딘 어린 소나무를 고희를 바라보는 63세에 심고 천 년 후 봉황의 보금자리가 될 것을 희망했다. 그러나 봉황보다 더 영광스러운 일이 있었으니 학문과 덕행이 세월이 지날수록 많은 사람에게 깊은 감동을 주고 있으며 어린 시절, 학문 연마와 인격 도야에 힘썼던 하회 마을이 세계문화유산으로 등재되었기 때문이다.

    병산서원에 제향 되었으며 저서로 《징비록》과 《서애집》 등이 있고 시호는 문충(文忠)이다.

그윽이 살면서 제 뜻을 터득하다

조병선의 심원정 원림과 회화나무

  자연에 최소한의 인공을 가하여 생활공간으로 삼고 그 안에 정자를 짓고 나무와 꽃을 심어 주변의 사물에 의미를 부여해 정원처럼 꾸며 놓은 곳을 원림(園林)이라고 한다. 이런 곳으로 우리나라를 대표하는 곳은 호남 보길도의 세연정, 담양의 소쇄원 등이다. 그러나 호남의 이런 원림 문화와 대조적으로 영남 지방에는 밀양의 영남루나 진주의 촉석루, 경주의 독락당, 예천의 초간정 등 누정 문화가 발달하였다. 이런 조영 문화의 차이는 지형적 특성에서 오는 것인지 아니면 선비들의 학풍 때문인지 깊이 연구한 자료가 없다.
  칠곡군 동명면 구덕리 송림사 앞에 있는 심원정(心遠亭)은 창녕인 기헌(寄軒) 조병선(曺秉善, 1873~1956)이 경영했던 곳이다. 조

심원정 25영 중 제15영 괴감의 회화나무

병선은 만년에 이곳에 들어와 주변을 다듬고 나무를 심어 원림을 조성하면서 그 자초지종을 《수석기(水石記)》(번역 조수학)로 남겼는데 그 내용은 다음과 같다.

금년(1937) 봄 아들 규섭에게 정자를 짓게 하여 가을에 완수했다. 편액을 심원정이라 했는데 도연명의 〈심원지자편(心遠地自偏)〉이란 말에서 취한 것으로 '그윽이 살면서 제 뜻을 터득했다.' 란 뜻이다.

정각의 집터에는 그 모양을 따라 귀암(龜巖)이라 하였고, 앞 절벽은 세 굽이가 졌는데 첫 굽이인 성석대(成石臺)에는 앉아서 물고기가

노는 것을 볼 수 있는 곳이라 '양망대(兩忘臺)'라 했으니 조대사(釣臺詞)에 있는 말(두 가지 번뇌를 다 잊음)이다. 둘째 굽이에는 '은병(隱屛)'이라 새겼으니 주자의 무이 구곡 제5봉 이름에서 취한 것으로 은거병식(隱居屛息, 은거하면서 소리를 죽이고 숨을 쉼)이라는 뜻이다. 셋째 굽이는 가장 높은 곳에 있으며 논에 물을 대는 봇물을 끌어와서 폭포를 만들고 '은폭(隱瀑)'이라 새겼다.

정자 앞에 넓적한 바위가 누워 있어 반듯하게 하고 '성석(醒石)'이라 새겼으니 졸음이 올 때면 잠을 깨운다는 뜻이다. 동쪽 움푹진 곳에 터진 쪽을 막고 물을 끌어와서 연을 심고 '군자소(君子沼)'라 새겼으니 주렴계의 말에서 취한 것이다. 물이 넘치는 곳에 구덩이를 막아서 목욕탕을 만들고 '탕지(湯池)'라고 새겼다. 연못 위쪽에 구기자를 심고 돌을 세워서 '기천(杞泉)'이라 새겼다. 그 위에 온갖 꽃을 심고 돌을 세워 '방원(芳園)'이라 새겼다.

이곳에는 돌이 많아서 버려진 땅이 있는데 그중 빈 곳에는 근처 밭에서 버린 자갈이 쌓여서 흙을 덮고 좋은 나무를 심었는데 회화나무가 많으므로 '괴강(槐岡)'이라 새겼다. 괴강 옆, 통로 양옆으로 돌을 세우고 '석비(石扉, 돌로 된 사립문)'라고 새겼다. 그 옆에 등나무를 심고 돌을 세워 '동취병(東翠屛)'이라고 새겼다.

괴강 아래에 도랑을 파서 물이 돌아 흐르게 하고 양 입구에 돌을 걸쳐서 다리를 만들고 각각 돌을 세워 '천광(天光)' 및 '운영(雲影, 주자의 도통 시)'이라고 했는데 여기를 지나 방원으로 통한다. 방원과 연못 동쪽에는 길게 둑을 쌓아 보호하고 좌우에 버들을 심고 '유제(柳堤)'라고 새겼다.

유제의 동쪽에 우뚝 솟은 바위는 냇물을 감당해 내고 있으므로 '지주(砥柱, 절개를 상징함)'라 새겼다. 남쪽에 반석이 있는데 '동반(東槃)'이라 새겼으니 정자 동쪽에 있는 고반(考槃, 은퇴한 후에 풍류를 즐기는 일)이란 뜻이다. 반석 밖에 큰 돌이 수중에 누워있는데 그 위에 몇 사람이 앉을 수 있고 냇물이 불어나면 잠기곤 하므로 '반타'라고 새겼다.

정자의 서쪽에는 별개의 바위가 있는데 높이가 남쪽 벼랑보다 훨씬 낮으나 셋째 굽이인 은폭과 마주하고 있다. 이것을 '서대(西臺)'라고 새겼다. 그 위편에 오솔길이 있는데 정자로 들어오는 길이다. 나무를 심고 넝쿨로 덮고 '서취병(西翠屛)'이라 했다. 서대의 서편에 석벽이 있는데 수구암(水口巖)이라 새겼다. 이름을 붙여 모든 곳에 절구(絕句) 한 수씩을 읊어 기록했는데 정자 안에서 5수, 정자 밖에서 20수를 얻었다.

정자 이름 심원(心遠)은 도연명(陶淵明)의 '사람들 사는 틈에 초가집을 짓고 살아도 수레와 말의 시끄러움이 없도다. 묻노니 그대는 어찌 그럴 수 있는가. 마음〔心〕이 머니〔遠〕 머무는 땅 또한 자연히 외져서이리. (結廬在人境, 而無車馬喧. 問君何能爾, 心遠地自偏)'라는 시에서 따온 것이다. 마음먹기에 따라 소란한 가운데서도 여유롭고 한가하게 즐길 수 있다는 뜻이다.

그러나 이곳도 변화의 물결을 비켜갈 수 없는지 점점 퇴락해 가고 그 징후를 대변하듯 서예가 회산(晦山) 박기돈(朴基敦, 1873~1948)이 쓴 편액도 색이 바래가고 있다. 다행히 후손 조호현 님이 '기헌선생기념사업회'를 조직, 정자를 활용하여 국악 및 서양 음악 공연은 물론 인문학 강의도 하여 새로운 변화를 모색하고 있다.

지역의 문풍 진작을 위해 나무를 심다

주세붕과 풍기 교촌리 은행나무

어느 시대나 마찬가지이지만 고을의 수령은 그가 하기에 따라 탐관오리도 되고 착한 목민관도 될 수 있다. 오늘날의 시장, 군수도 같은 처지에 있다. 주민의 의사와 맞지 않는 행정으로 비난받는 사람이 있는가 하면, 다양한 정책을 펼쳐 주민의 삶의 질을 높여 후세까지 이름을 남긴 분도 있다. 후자의 대표적인 분이 신재 주세붕(周世鵬, 1495~1554)이다.

본관은 상주(尙州)로 조선개국을 반대하며 경남 합천에 은거해 온 선비 집안의 후예다. 아버지 문보 대에 함안으로 옮겨 칠원(漆原)에서 출생했다. 어릴 때부터 효성이 지극하고 공부하기를 좋아했다. 1522년(중종 17) 생원시에 합격하고, 같은 해 별시문과에 급제, 승문원권지부정자를 시작으로 관직에 나아갔다.

주세붕이 심은 은행나무

그뒤 승문원정자로 당시 엘리트 공무원이 밟아야 할 필수 코스인 사가독서에 뽑히고 정자, 수찬을 역임했으며, 강원도 도사 등을 거쳐 사간원 헌납을 지냈다.

1537년(중종 32) 김안로(金安老)가 득세하자 외직을 자청하여 곤양 군수(昆陽郡守)로 나갔다가 1541년(중종 36) 풍기 군수가 되어 치적이 역사에 뚜렷한 발자취를 남기는 기회를 맞았다. 우선 낡은 향교를 옮겨 새로 짓고, 주민의 교화와 지역 출신 거유 안향(安珦)을 제향(祭享)하기 위해 백운동서원을 건립하니 우리나라 서원의 효시(嚆矢)다. 이후 군수가 된 퇴계가 사액을 받아 소수서원(紹修書院)으로 이름이 바뀌면서 이 역시 우리나라 최초의 사액서원이 되었다. 조선후기 대원군이 많은 서원을 철폐했지만 사학의 발전과 지역의 문풍 진작(振作)에 크게 이바지했다.

주세붕은 학문만 장려했을 뿐만 아니라, 어려움 해소에도 앞장서서 해결했다. 공물인 자연산 삼(蔘) 채취가 어려워 주민들이 고통 받자 재배법을 직접 개발해 안정적으로 생산하도록 하여 오늘날 풍기가 인삼의 고장으로 자리 잡게 했다.

1545년(명종 즉위년) 내직으로 들어와 여러 벼슬을 거쳐 1548년(명종 3) 호조참판이 되었다. 이듬해 황해도 관찰사가 되어 백운동서원의 예와 같이 해주에 수양서원(首陽書院)을 건립하였다. 이후 대사성·동지중추부사를 역임하다가 병으로 사직하였다. 돌아가신 뒤 소원에 따라 고향인 칠원 선영에 안장되었다.

청백리에 뽑히고 예조판서에 추증되었다. 시호는 문민(文敏)이다. 칠원의 덕연서원(德淵書院)에 주향되었고, 소수서원에도 배향되었다. 저서로는 《죽계지(竹溪志)》, 《해동명신언행록(海東名臣言行錄)》, 《진헌심도(進獻心圖)》가 있고, 문집으로 《무릉잡고(武陵雜稿)》가 있다.

주세붕은 향교를 이건한 기념으로 당시 향교 정문이었던 지금의 경북항공고등학교 교정에 세 그루의 은행나무를 심었다. 그러나 한국전쟁 때 폭격으로 한 그루가 죽었으나 그후 누군가

한 그루를 더 심어 세 그루가 되게 했다. 그러나 지금은 두 그루만 남았다. 그러나 다행인 것은 한 그루는 암나무고 다른 한 그루는 수나무였다. 비록 폭격으로 쓰러졌다고 해도 암수가 각기 한 그루씩 남아 음양의 조화를 맞춘 셈이다. 학교가 운동장을 만들기 위해 본래 땅보다 1m 정도 낮게 정지작업을 해서 그런지 나무가 서 있는 곳이 섬같이 고립되었다. 또한 생육 상태는 좋으나 암나무는 굵기가 상당히 떨어진다. 해마다 많은 열매를 달아 활력이 소진된 것도 한 원인일 수 있으나 충분한 양분을 공급받지 못한데 따른 것이 아닌가 한다.

심은 사람의 인품과 사회적인 기여도, 수령(樹齡) 등을 종합해 볼 때 이 나무 역시 천연기념물로도 손색이 없다. 그런데 겨우 영주시의 보호수로 지정되었을 뿐인데 그것도 수나무 한 그루만 보호수다. 많은 학생들이 꿈을 펼치고 있는 교정에 나무를 심은 사람이 훌륭한 교육자이자 관리였던 주세붕이 심었다는 글은 어디에도 찾아 볼 수 없어 아쉬웠다.

영주가 선비의 고장으로 자리 매김한 것도, 없어서 못 팔정도로 인삼 산업이 번성한 것도 주세붕으로부터 비롯되었다. 그러나 오늘날 영주에서 주세붕을 기억할 수 있는 공간은 의외로 풍기인삼협동조합뿐이었다. 그곳에 송덕비가 서 있기 때문이다.

개인의 영달보다 나라와 이웃을 돌보다

최진립과 경주 충의당 회화나무

　재벌가의 비리와 대기업의 사회공헌문제가 제기될 때마다 비교되는 집안이 '경주 최 부잣집'이다. 그들이 오랜 세월을 통해 많은 사람의 칭송을 받는 이유는 성취한 부(富)가 정당한데도 그 쓰임에 대한 철학이 개인의 영달보다 나라와 이웃을 돌봄에 큰 배려를 했기 때문이다. 또한, 그 선행이 당대에 한하지 않고 12대 300여 년 유지해 왔기 때문이다. 가문을 일으킨 사람은 잠와(潛窩) 최진립(崔震立, 1568~1636)이다. 최진립은 임진왜란이 일어나자 아우 계종(繼宗)과 함께 의병을 일으켰다. 이후 무과에 급제해 정유재란 때 울산 전투에 참전하여 큰 공을 세웠다. 1607년 오위도총부 도사(都事) 등 여러 벼슬을 지냈다. 능창군 추대사건(선조의 서자 아들 능창군을 왕으로 추대하려는 사건)에 연루되

잠와 최진립이 심은 회화나무

어 귀양 갔다가 인조반정 후 복직되어 가덕첨사(僉使)로 복귀했
다. 그 뒤 경흥 부사, 공조 참판을 거쳐 1630년(인조 8) 경기 수사
가 되어 삼도 수군통제사를 겸했으며 1634녀(인조 11) 전라 수사
를 지냈다. 공주 영장으로 있을 때 병자호란이 일어났다. 충청
도 관찰사 정세규가 출정하면서 연로한 공에게 전쟁을 치르기
에는 너무 많은 나이라고 참전을 만류했다. 그러나 용인 험천
(險川)에 이르러 보니 최진립이 먼저 와 있었다. 정 감사가 '어찌

경주 최씨 고택 사랑채

여기 왔소.'라고 물었더니 '임금이 포위를 당해 있고, 주장(主
將)이 전장으로 나아가는데 어떻게 물러나리요, 또한 나라에 후
한 은혜를 입었는데 주장과 같이 죽으러 왔소'라고 대답하며
적을 향해 돌진했다. 그러나 잘 훈련된 청나라 군대를 당해 낼
수 없었다. 목숨이 위태롭게 되자 평소 그림자처럼 따르던 두
종 옥동(玉洞)과 기별(奇別)에게 '너희 중에 나를 따를 사람은 이
옷을 받아 입어라' 하고 옷을 벗어 던지자 기별이 울면서 옷을
주워 입고 '주인이 충신이 되는데 어찌 종이 충노가 되지 않겠
습니까?'라고 한 뒤 함께 싸우다가 전사했다. 청백리로 뽑혔으

며, 경주 용산서원 등에 제향 되고 병조판서에 추증되었고 정무 (貞武)라는 시호를 받았다. 모 일간지 기자는 '모든 측면에서 다 훌륭한 인물은 드물다. 사회적으로 유능한 인물이지만 가정적으로 미흡할 수 있고, 청렴과 겸손을 갖추어도 대의를 위해 자신을 희생하는 용기가 부족한 사람이 있는데 최진립은 그렇지 않다' 고 했다. 1700년경 후손들이 교동으로 이거하며 12대에 걸쳐 만석의 부를 유지하고 9대에 진사를 배출하여 어느 집안도 이루어 내지 못한 명성을 얻었다. 경주 최씨 가문의 이러한 베풂과 배려, 나라 사랑 정신은 시대를 초월한 깊은 울림으로 다가왔기 때문에 TV나 신문은 물론 많은 언론 매체가 앞 다투어 소개하고 있다. 지금도 경주 교동 최 씨 고택(중요민속자료 제27호)에는 전국에서 찾아온 사람들의 발길이 끊어지지 않는다. 잠와로부터 12대 마지막 부자로 일컬어지는 최준(崔浚, 1884~1970)이 살던 종택에는 최 부잣집의 면모를 살펴볼 수 있는 글이 있다. '재물은 똥거름과 같아서 한곳에 모아두면 악취가 나서 견딜 수가 없고, 골고루 흩뿌리면 거름이 되는 법이다.' '치우치지 말고 성급하지 말고, 욕심내지 않는다. 어느 것이든 완벽한 가치는 없으며 좌우 치우침 없이 의롭게 산다.'

또한, 집안을 다스리는 여섯 가지 교훈으로

'첫째, 과거를 보되 진사 이상의 벼슬을 하지 마라

둘째, 만석 이상 재산은 사회에 환원하라

셋째, 흉년기에는 땅을 늘리지 말라

넷째, 과객을 후하게 대접하라

다섯째, 주변 100리 안에 굶어 죽는 사람이 없게 하라

여섯째, 시집온 며느리는 3년간 무명옷을 입어라.' 이다.

자신을 지키는 여섯 가지 지침으로

'첫째, 스스로 초연하게 지내고

둘째, 남에게 온화하게 대하며

셋째, 일이 없을 때 마음을 맑게 지니고

넷째, 일을 당해서는 용감하게 대처하며

다섯째, 성공했을 때 담담하게 행동하고

여섯째, 실의에 빠졌을 때 태연히 행동하라.' 이다.

내남면 이조리에는 최진립이 살던 잠와 고택 충의당(경북 민속자료 제99호)과 함께 전사한 충노를 기리는 충노각 그리고 최진립이 심어 최 부잣집의 뿌리라고 할 수 있는 회화나무가 하늘 높이 서 있다. 그러나 잠와의 이 살아있는 문화유산을 잘 관리한답시고 나무 주위에 축대를 쌓은 것이 오히려 화를 불러 생육을 나쁘게 하고 있어 안타깝다.

몰락한 집안을 세우려 나무를 심다

권오상과 초간 종택의 울릉도 향나무

몇 년 전 예천 권씨 초간 종택(중요민속문화재 제201호)을 찾았다. 조선 전기 사대부가의 전형적인 주택일 뿐 아니라, 대학자 초간 (草澗) 권문해(權文海, 1534~1591)의 할아버지 권오상(權五常)이 지은 것으로 추정되는 별당(보물 제457호)과 우리나라 최초의 백과사전 《대동운부군옥(大東韻府群玉, 보물 제878호)》의 목판본이 보관된 아주 특별한 곳이기 때문이다. 그러나 필자의 호기심은 이런 귀중한 문화재와 달리 마을 초입의 큰 향나무였다. 안내문에는 이렇게 쓰여 있었다. '이 나무는 나이는 약 300년으로 추정되는 늙은 나무로 높이 10m, 가슴 높이 둘레가 0.6m이고, 이 지방에서는 울향(鬱香)이라 부르는 나무이다. 이 나무를 울향나무라고 부르게 된 것은 이 마을을 개척할 때 무오사화(戊午士禍 또는 史禍)

울향나무

에 연루되어 울릉도에 유배당했던 권오상이 돌아오면서 가져
다 연못가에 심은 데서 유래되었다고 한다. 지금의 향나무는 처
음에 심은 것이 아닌 것으로 보이는데 대수 마을과 영고성쇠를
함께하고 있다.'

　홍성천 박사(경북대학교 명예교수)를 보조해 울릉도의 스토리텔
링 개발에 참여한 바가 있었던 필자로서는 그때 본 어떤 자료에
도 울릉도가 유배지였다는 사실과 유배 왔다는 사람이 있었다

초간종택과 별당

는 사료를 보지 못했기 때문에 매우 혼란스러웠다. 왜냐하면, 당시 조선 조정은 울릉도에 수시로 수토관(搜討官)을 파견하여 나무를 베거나, 고기를 잡기 위해 들어간 어부들을 붙잡아 육지로 데려오고 섬을 무인도로 비워 두는 공도(空島) 정책을 펼쳤기 때문이다. 따라서 권오상이 울릉도에 유배되었다는 사실에 당황하지 않을 수 없었다. 혹시나 싶어 다시 《울릉군지》 등을 뒤져보았으나 별다른 자료를 발견할 수 없었다. 또한, 권오상은

초간정사

무오사화의 많은 희생자 중에서 이름을 확인할 수 없었다. 다만 이 엄청난 피해에 오 형제를 대과에 합격시킨 이 가문도 예외일 수 없어 학문과 문장으로 이름 높았던 점필재 문인 셋째 수헌(睡軒) 권오복(權五福)이 김일손 등과 능지처사(陵遲處死) 되고, 수헌의 바로 위 형 졸재(拙齋) 권오기(權五紀)는 해남으로 유배되었다가 1506년(중종 1) 중종반정으로 풀려난 자료를 확인했다.

이런 의문을 품던 중 이번에 다시 죽림리를 찾았다. 더 자세한 정보를 얻기 위해 예천군청에 의뢰해 문화유산해설사의 안내를 받기로 했다. 지역에서 오랫동안 공무원 생활하다가 은퇴

후 봉사활동을 하는 박희식 해설사의 설명은 권오복의 연좌(連坐)로 막내인 권오상은 전남 강진으로 유배되었다고 했다. 그렇다면 답을 얻을 수 있구나 하는 생각이 들었다. 왜냐하면, 강진과 울릉도는 바닷길로는 포항이나 울진보다 멀지만 경상도 사람이 알고 있는 것과 달리 전라도 사람들이 더 많이 왕래했었기 때문이다

특히 서면의 대풍감(待風坎)은 육지 사람들이 헌 배를 가져와 새 배를 만들어 바람이 멎기를 기다렸다가 돌아가는 곳이기도 했다. 가장 극적인 것은 오늘날 우리 국민이 줄기차게 우리 영토라고 외치고 있는 독도의 어원도 사실은 전라도 사투리 독도(石島 즉 돌섬)에서 비롯되었다. 1882년(고종 19) 조정에서는 울릉도를 조사할 검찰관으로 이규원을 보냈다. 그의 보고서 〈울릉도 검찰일기〉에 의하면 당시 울릉도에는 조선인 141명, 일본인 78명이 있었는데 본국인의 경우 전라도 출신이 115명으로 82%를 차지하고, 경상도 출신은 겨우 11명으로 8%에 불과했다. 이를 두고 《울릉군지》(2007, 울릉군청)는 '이들은 장기적이고 지속적으로 이곳(울릉도)을 찾아왔다고 볼 수 있으므로 일시적 거주자로 분류할 수 없다. 이들은 울릉도와 독도 근해를 삶의 터전으로 여기고 항례적으로 찾아온 울릉거민(鬱陵居民)으로 볼 수 있을 것이다.' 라고 했다. 이런 정황으로 살펴볼 때 권오상이 강

진에서 울릉도 가는 배를 타고 가서 울릉도에서 직접 향나무를 가져왔다고 보기보다 강진의 뱃사람이 가져온 것을 얻어와 심은 것이 분명하다. 또한 현존하는 것이 수령 300년이라고 하니 애초 가져온 나무에서 돋은 싹이 자란 것이라고 보아야 할 것 같다.

권오상이 굳이 향나무(경북도기념물 제110호) 한 그루를 힘들게 가져와 심은 까닭은 몰락한 집안을 다시 일으켜 세우려는 의지의 표상(表象)인지도 모른다. 따라서 울향은 예천 권씨 가문의 또 다른 자랑거리이자 보배라고 할 수 있다.

광주권

이선제와 광주 광산구의 괘고정수 · 김문발과 광주 칠
석동 은행나무 · 광주 포충사 경내의 주목

나무에 북을 걸다

이선제와 광주 광산구의 괘고정수

광주광역시 광산구 만산 마을은 광산 이씨의 집성촌이다. 시
조(始祖)는 광산군 이종금(李宗金)이다. 원래는 성은 김, 이름은
일형이었다.

1010년(현종 1) 거란의 2차 침입 때 강감찬 장군 휘하에서 공을
세우고, 1018년(현종 9) 3차 침입 때에는 인근 주·군의 군사들을
모아 강화성을 지켜 나라의 귀중한 재화를 지켜냈다고 한다. 이
런 공으로 1032년(덕종 2) 광산군(光山君)에 봉해지면서 이종금(李
宗金)으로, 성(姓)과 이름을 하사받았다고 한다. 따라서 후손들은
그를 시조로 받들고 광산(光山) 일대에 세거하면서 본관지로 삼
게 되었다.

마을 초입의 괘고정수(掛鼓亭樹)는 조선 초의 문신 필문 이선

괘고정수

제(李先齊, 1390~1454)가 심었다고 한다. 필문은 나무를 심으면서 "이 나무가 죽으면 가문이 쇠락할 것이니 관리를 잘하라"고 특별히 당부했다고 한다. 이후 이선재의 후손들은 과거에 급제하면 이 나무에 급제자의 이름과 북을 걸어놓고 잔치를 벌였다.

이선제와 그의 두 아들 이시원과 이형원, 이형원의 아들 이달손, 이달손의 아들 이공인, 이공인의 아들 이중호, 이중호의 아들 이발과 이길이 대를 이어 급제하면서 가문의 영광을 알리는 북소리가 연이어 울렸다.

이선제는 양촌 권근에게 학문을 배워 1419년(세종 1) 문과에

필문 선생의 부조묘

급제했다. 1423년(세종 5) 사관으로 앞서 정도전 등이 편찬한
《고려사》를 개수할 때 당시 이색, 이인복이 지은 《금경록(金鏡
錄)》에 의거함으로써 사실과 다른 점이 많다고 지적하고 그 실
상을 직서(直敍)하도록 했다. 1431년(세종 13) 집현전 부교리에 이
어 춘추관 기사관이 되어 《태종실록》편찬에 참여하였으며, 그
뒤 형조 참의, 첨지중추원사, 병조참의를 거쳐 1444년(세종 26)
강원도 관찰사로 나갔다. 1446년(세종 28) 예조참의를 거쳐 한때

삼의사 제조(三醫司提調)를 지냈다. 이어 호조 참판에 오르고 1448년(세종 30) 하정사(賀正使)가 되어 명나라에 다녀왔으며 이듬해 《고려사》 개찬을 감독하고, 문종이 즉위하자 예문관 제학이 되었다. 이때 서북 지방의 군제 정비, 야인의 객관 별치(別置), 어염세(魚鹽稅)를 확보하여 국가 재정을 충실히 할 것 등을 건의했다. 단종이 즉위한 뒤 경창부윤(慶昌府尹)이 되어서는 전염병 방제에 노력하다가 1454년(단종 2)에 돌아가셨다.

이선제는 고려사 개수며, 국방력 강화, 단군 성전 건립 등 나랏일에도 많은 노력을 했지만, 애향심도 남달랐다. 1430년(세종 12) 광주가 목(牧)에서 무진군으로 강등되는 수모를 겪는다. 만호를 지낸 노흥준이 관기를 차지하려고 목사를 구타하여 죽인 일이 벌어지자 강등시킨 것이다. 후에 이선제는 고을의 원로들과 함께 상소를 올려 목(牧)으로 환원시켰다.

또한, 필문정사를 지어 후진양성에 힘썼고, 향약을 실시하여 고을의 풍속을 교화하고 자치역량을 배양시켰다. 그뿐만 아니라, 현재 광주우체국 자리에 희경루(喜慶樓)를 짓는데도 이바지했다. 광주광역시에서는 이러한 이선제의 애향심을 영원히 기리기 위해 조선대학교 앞길을 '필문로'라는 지명으로 바꾸었다.

이선제가 심은 괘고정수의 정확한 나무 이름은 왕버들이다.

후손들이 과거에 합격하면 북(鼓)을 걸(掛)고 축하연을 베풀었다 하여 붙여진 이름이다. 한때 이 나무는 죽었다가 되살아났다. 1589년(선조 22) 동인과 서인의 세력다툼으로 빚어진 기축옥사에 이선제의 5세손이자 당시 사림을 주도하던 동암 이발(李潑, 1544~1589)과 남계 이길(李洁, 1547~1589) 형제가 연루되어 본인은 물론 노모와 어린 아들까지 죽임을 당했는데 그때부터 잎이 마르고 나무가 죽어 갔다. 이 옥사는 '정여립(鄭汝立) 모반사건'이라고도 한다. 송강 정철(1536~1593)이 주도하여 동인 계열의 영호남 엘리트 1,000여 명에게 화를 입혔다. 이 사건에 희생이 가장 컸던 집안은 광산 이씨 문중이었다. 소위 역적으로 몰려 뿔뿔이 흩어지고 숨어서 살아야 했다. 뒷날 이들 형제의 억울함이 밝혀지자 나무가 다시 살아났다.

수령 600여 년, 수고 15m, 가슴 높이 직경 1.7m인 괘고정수의 현재 생육상태는 매우 좋다. 광주시가 보호하고 있어서도 그렇지만 후손들이 정성스럽게 보살피기 때문이다.

제월산 양지바른 곳에는 이선제의 부조묘(공훈이 있는 사람으로서 영원히 사당에 모시기를 허락한 신위)가 있다. 멸문의 화를 입고도 거뜬히 살아남을 수 있었던 것은 괘고정수의 뿌리처럼 끈질긴 생명력에서 비롯된 것일 것이다.

소가 달아나지 않도록 나무를 심다

김문발과 광주 칠석동 은행나무

광주광역시 남구 칠석동에는 여말과 조선 초 무신으로 학문에도 뛰어난 광산인 부용 김문발(金文發 1338~1418)이 심었다는 수령 600여 년의 거대한 은행나무(광주시 기념물 제10호)가 있다.

김문발은 1386년(고려 우왕 12) 유일로 천거되어 남원, 보성 등에 출몰하는 왜구를 격퇴한 공으로 돌산만호가 되고, 이어 1394년(태조 3) 수군첨절제사 김빈길 등과 왜구의 배 3척을 포획한 공으로 활, 화살, 은제 그릇 등을 왕으로부터 하사받았다. 1406년(태종 6)에는 전라도 수군단무사(全羅道水軍團撫使)로 남해안 일대에서 왜선 1척을 포획하는 전공을 세우고, 경기수군도절제사, 충청전라도 수군도체찰추포사(忠淸全羅道水軍都體察追捕使)를 역임했다. 411년(태종 11) 충청도 수군절제사에 이르렀으나

김문발이 심은 은행나무

병으로 벼슬을 사양했다. 이듬해 다시 전라도 수군절제사가 되고 1418년(태종 18)에는 황해도 관찰사가 되었다. 사람됨이 공손하고 겸손하였다.

김문발이 은행나무를 심은 뜻은 마을의 뒷산이 소가 누운 형상이기 때문에 농민들의 큰 자산인 소가 달아나지 않도록 고삐를 매어두기 위해서다. 김문발은 또한 중국의 남전 향약을 본떠 칠석동 향약을 실시할 정도로 향촌사회 교화에도 힘썼다.

광주의 별호(別號) 광산을 본관지로 하는 광산 김씨는 고려 초에 이미 많은 인재를 배출한 명문이다. 시조 김흥광(金興光)은 신

시인 묵객들로 붐비던 부용정

라 제45대 신무왕의 셋째 아들로 고려 태조 왕건으로부터 광산 부원군으로 봉해진 분이다. 그는 신라가 망할 것을 미리 알고 경주를 떠나 이곳 무진주 서일동(지금의 담양군 대전면 평장리)에 은 거함으로 후손들이 본관지로 삼았다. 마을 이름 평장은 8명의 평장사(平章事)를 배출하여 지어진 이름이다.

무진주는 아버지 균정에게는 매우 특별한 곳이다. 812년(헌덕 왕 4) 김헌창이 난을 일으키자 아버지와 함께 이를 평정하여 큰 공을 세워 시중으로 승진했다.

제42대 흥덕왕이 죽자 균정과 제륭이 서로 왕위를 차지하기 위해 치열한 싸움을 벌여 균정이 죽고 제륭이 승리하니 이가 곧 제43대 희강왕이다. 이 싸움에서 아버지 균정을 잃은 김우징은 청해진의 장보고에게 몸을 의탁했다. 그러나 희강왕 역시 수하인 김명이 난을 일으키자 자살했다.

뒤이어 김명이 왕위에 오르니 제44대 민애왕이다. 해상왕 장보고로부터 5,000명의 군사를 지원받은 김우징은 838년(민애왕 1) 12월 신라로 진격했다. 이 소식을 들은 민애왕은 군사를 보내 무진주의 철야현(지금의 나주 부근)에서 토벌하려 했으나, 오히려 관군(官軍)이 참패를 당했다.

승기를 잡은 김우징은 계속 서라벌로 향해 달구벌(지금의 대구)에서 민애왕이 보낸 진압군을 대파했다. 비보를 접한 민애왕이 도망을 가려했으니 이미 서라벌을 점령한 김우징 군사들에 의해 살해되고 이에 김우징이 왕위에 오르니 이가 곧 신라 제45대 신무왕(神武王)이다. 따라서 무진주는 아버지가 일으킨 군사와 민애왕이 보낸 군사가 벌인 싸움에서 승리한 영광스러운 곳으로 묵은 인연이 있는 곳이다.

김문발이 심은 은행나무 주변에는 광주 지역에서 향약을 처음 시행한 부용정(광주시 문화재자료 제13호)이 있고 마을 앞에는 이곳이 발상지인 고싸움놀이(중요무형 문화재 제33호) 영상체험관이 있다.

학문에 힘쓰지 않으면 옷 입은 짐승이라

광주 포충사 경내의 주목

광주광역시 남구에는 임진왜란 때 호남의병을 이끌고 금산싸움에서 순절한 고경명(高敬命, 1533~1592)과, 종후(從厚), 인후(因厚) 3부자와 유팽로(柳彭老, 1554~1592), 안영(安瑛, 1564~1592)을 기리는 포충사(褒忠祠, 광주시 기념물 제7호)가 있다.

1603(선조 36)년 고경명의 후손과 제자인 박지효(朴之孝) 등이 임금에게 청하여 포충(褒忠)으로 사액 받았으며 대원군이 전국의 수많은 서원을 철폐할 때에도 장성의 필암서원과 함께 헐리지 않았던 서원이다.

1980년 사당과 유물전시관, 내외삼문, 정화비 및 관리사무소 등을 새로 세우고 일대를 대대적으로 정비를 했으나 옛 사당과 동·서재는 본래위치에 그대로 보존했다. 소장된 제봉집 목판

주목

(광주시 유형 문화재 제20호)과 문적(文籍)은 광주시 유형문화재 제
21호 문화재로 지정되어 있다.

주향(主享)인 제봉(霽峯) 고경명은 대과에서 장원할 정도로 수
재였다. 동래 부사를 마지막으로 고향으로 돌아와 학업에 열중
하던 중 임란이 일어났다.

이때 고경명의 나이 60이었다. 격문을 돌리니 6,000명이 모였
다. 6월 1일에 담양을 출발하여 6월 13일에 전주에 도착했다.
큰아들 종후에게는 영남에서 호남으로 침입하는 왜군을 막도
록 하고, 22일에는 여산(礪山)으로 옮겼다. 27일 은진(恩津)에 도

포충사

학봉 주손 수식비

달해 왜군이 금산을 점령하고 점차 호남에 침입할 것이라는 정
보를 입수하자 연산(連山)으로 이동하였다.

　그리고 금산에 도착해 곽영의 관군과 함께 왜군에 맞서 싸우
다가 작은 아들 인후와 함께 전사하였다.

　그후 맏아들 종후는 진주성 싸움에서, 딸은 정유재란 때 남편
을 따라 순절했다. 이때 민간인의 신분으로 호남에서 창의했던
제봉과 달리 영남에서는 선조가 임명한 관직을 가지고 활동했
던 분이 학봉(鶴峯) 김성일(金誠一, 1538~1593)이다.

　학봉은 임란(壬亂)하면 선조와 더불어 연상되는 인물의 한 분

으로 1590년(선조 23) 통신부사(通信副使)로 일본에 가서 실정을 살핀 후, 귀국하여 침략의 우려가 없다고 보고하여 논란에 중심에 서 있던 분이다. 난이 일어나자 류성룡의 천거로 경상도 초유사(招諭使)에 임명되어 의병들을 규합하고, 군량미를 확보하며, 전주성을 방어하는 등 전란 수습에 동분서주 하다가 진중에서 병사했다.

7년의 임란은 많은 사상자를 냈고, 국토를 황폐화시켰다. 제봉 집안도 예외일 수 없었다. 막내아들 용후는 가솔 50여 명을 이끌고 광주에서 경상도 안동으로 가서 학봉가(鶴峯家)에 의탁했다.

학봉의 손자 김시권은 멀리서 찾아온 고용후에게 '자네나 우리나 두 집이 다 같이 난리를 만나서 자네는 아버지가 돌아가시고 우리는 조부님이 돌아가셨으니 서로 마찬가지네. 그렇다고 학문에 힘쓰지 아니하면 나중에 옷 입은 짐승이 아니겠는가?'라고 위로하며 각오를 다졌다.

학봉 손자 김시권은 1593년 진주성에서 할아버지를 잃었고, 고경명의 막내 고용후는 아버지와 둘째 형(고인후)을 1592년 금산전투에서 잃었고, 큰 형(고종후)도 1593년 진주성 싸움에서 왜군에 패하자 남강에 몸을 던져 자결한 터여서 두 사람은 동병상련이었다.

이렇게 굳게 언약했던 두 사람은 공교롭게도 1605년 진사시에 나란히 합격하고 고용후는 1606년(선조 39), 김시권은 1630년(인조 8)에 대과에 급제해 피란시절의 약속을 지켰다.

1617년(광해군 9) 고용후는 학봉의 종가가 있는 안동 부사(府使)가 됐다. 그리고 학봉의 부인(김시권 할머니)과 학봉 큰아들(김집)을 초청해 보은의 잔치를 열었다.

'고용후는 "큰절을 하며 두 분의 은덕이 아니었다면 어찌 오늘이 있겠습니까?"라며 울먹였다.' 라고 했다. (2015. 9. 4 매일신문 논설위원 정인열의 글 중에서)

이런 400여 년의 오랜 인연에서였는지 포충사 경내에는 2004년 6월 6일 학봉의 종손 김종길(金鍾吉) 외 200명이 주목(朱木) 한 그루를 심고 푯말을 세웠다.

비록 나무는 작으나, 영호남을 대표하는 명문(名門)인 두 집안에 얽힌 아름다운 미담이 오늘날까지 이어오고 있는 증표이기도 하다.

그러나 그 위치가 연못 부근의 좌측 끝자락 외진 곳이라 일부러 찾지 않으면 잘 보이지 않는 곳이고, 푯말의 재질이 나무라서 오래 가지 않을 것 같아 아쉽다.

대구권

박성수와 달성 파회 마을 탱자나무 · 서거정과 도동 측
백나무 숲 · 순종과 달성공원 가이즈까 향나무 · 정구
선생과 도동서원 은행나무 · 서상돈과 천주교 대구교
구청 히말라야시다

칼날 위를 밟을 수는 있지만 중용은 지키기가 어렵다

박성수와 달성 파회 마을 탱자나무

달성군 하빈면 묘골은 사육신의 한 분으로 유일하게 혈손을 보전한 취금헌 박팽년(1417~1456) 선생의 후손들이 사는 순천 박씨 집성촌이다. 선생은 충남 회덕에서 태어나 1434년(세종 16) 문과에 급제, 충청도 관찰사를 거쳐 형조참판으로 있으면서 단종 복위운동을 주도하다가 아버지 박중림과 동생 대년(大年), 아들 헌·순·분 등 삼대가 참화를 입은 분이다. 1691년(숙종 17) 관직이 회복되고, 1758년(영조 34)에 이조판서에 추증되었으며 시호는 충정(忠正)이고 영월 장릉(莊陵, 단종의 능)의 충신단(忠臣壇), 대구의 낙빈서원 등에 제향 되었다.

취금헌이 후손을 보존할 수 있었던 것은 둘째 아들 박순의 부인 성주 이씨로부터 비롯되었다. 친정이 묘골인 이 씨는 친정

삼가헌 박성수가 심은 탱자나무

가까운 대구로 자원해 관비(官婢)로 와 있었다. 이때 이미 임신 중이었고 때마침 해산을 하니 아들을 낳았다. 공교롭게도 친정 집의 여종 역시 딸을 낳았다. 그때까지만 해도 역적의 여인이 아들을 낳으면 죽이고 딸을 낳으면 관비로 몰수당해야 했다. 이 때 두 사람은 아이를 바꾸어 길렀다. 그러나 역적의 손자인 만 큼 드러내 놓고 키울 수는 없었다. 이름도 짓지 못하고 박 씨 성 을 가진 사람의 종이라 하여 박비(朴婢)로만 불렀다. 그후 비가 청년이 되었을 때 이모부인 이극균(李克均)이 경상도 관찰사로 왔다. 그는 묘골을 찾아와 그를 붙들고 눈물을 흘리며 '언제까

하엽정

지 이렇게 숨어 살 수 있느냐 자수하여 떳떳하게 살자' 고 했다.
성종(成宗)은 그를 용서하고 충신의 자손이라며 오히려 칭찬하
면서 이름 일산(壹珊)을 하사하고, 사복시(司僕侍, 조선 시대 왕이 타
는 말, 수레 및 마구와 목축에 관한 일을 맡던 관청)의 벼슬을 내렸다.

　이후 대구에 터를 잡은 순천 박씨 가문은 충신의 후예답게 임
란 시 선무원종공신 3명 등 많은 인물이 배출되고 태고정, 도곡
재, 삼충각을 비롯한 뜻 깊은 문화재를 남겼다. 500여 년의 역
사를 간직한 묘골을 둘러보고 파회에 있는 삼가헌(三可軒, 중요민

속자료 제104호)을 찾았다. 취금헌의 11대 손, 성수(聖洙, 1735~1810)가 1769년(영조 45)에 지은 별채가 있는 곳이자, 대구에서는 유일하게 전통기법으로 지은 연지(蓮池)가 있는 곳이며 인기 드라마 〈토지〉의 촬영지이기도 하다.

박성수는 풍모가 수려하고, 용기가 탁월하며, 학문이 높고, 특히 경세에 해박하고 장서를 많이 보유했다. 저서로 《고금인감(古今人鑑)》이 있으며 벼슬은 첨중추(僉中樞) 겸 오위장(五衛將)을 지냈고 가선대부 이조참판에 추증되었다.

박성수는 묘골 본가에서 이곳 파회(坡回)를 다니며 친구들과 어울려 시도 짓고 담소하는 공간으로 사용하다가 둘째 아들 광석(光錫, 1764~1845)이 호조참의, 한성부우윤 등 벼슬에서 물러나 낙향하자 이 집터와 당신의 호인 삼가헌을 물려주었다. 그뒤 광석은 1826년(순조 26) 초가를 헐고 정침과 사랑채를 새로 지었으며 안채로 들어가는 중문은 초가로 했다. 그 까닭은 궁궐에 초가를 두는 이유와 같다.

삼가헌은 중용에서 따온 말로 '천하와 국가를 다스릴 수 있고, 관직과 녹봉도 사양할 수 있으며, 날카로운 칼날 위를 밟을 수도 있지만 중용을 지키기는 어렵다.' 는 뜻이다. 별당인 '하엽정(荷葉亭)' 은 광석의 손자 하정, 규현이 집을 지으며 흙을 파낸 자리를 못으로 꾸미고, 파산서당 건물을 앞으로 옮겨 지으며 누마루를 한 칸 달아냈고 못에는 연을 심어 조성한 공간이다. 규모는 작지만 못을 네모지게 하고, 가운데 둥근 인공섬을 조성하여 방지원도(方池圓島)의 전형적인 우리나라 전통 연못 형식을 취했다.

많은 선비들이 연꽃을 좋아하는 것은 진흙 속에 살아도 더러움에 물들지 않고, 요염하지 않으며, 속은 비어 있는데 겉은 꼿꼿하고, 가지를 치지 않으며, 멀리 갈수록 꽃향기가 더 맑기 때문에 꽃 중에 군자(君子)라고 했던 송나라 주돈이의 애련설(愛蓮說)의 영향이 크다. 규현이 정자 이름을 여느 선비들처럼 군자정이나 연정(蓮亭)이라 하지 않고 굳이 '하엽정(荷葉亭)'이라고 고집한 것은 꽃보다 잎을 더 사랑하고자 했던 데서 비롯됐다.

실제 한 시인은 깊은 밤 연잎에 떨어지는 빗물 소리가 하도 정겨워 자다가도 벌떡 일어나 연못가로 달려 나간다고 했다. 이런 점에서 박성수는 눈으로 보는 것과 달리 마음으로 시정(詩情)을 느끼고자 했다. 삼가헌은 별채를 마무리하고 매화나무, 굴참나무, 탱자나무를 심었다. 그러나 매화는 다 죽어가고 있으나 밑둥치에서 돋아난 새싹으로 접목을 준비 중이고, 탱자나무와 굴참나무만은 240여 년이란 오랜 세월을 버티며 아름다운 이곳을 지키고 있다.

서거정과 도동 측백나무 숲

　대구광역시 동구 도동에 있는 측백나무 숲(천연기념물 제1호)의 중요성은 일제강점기 나까이 다께노신(中井猛之進)이라는 일본 식물학자에 의해 확인되었다. 그가 우리나라의 식물을 조사하러 왔을 때, 총독과의 회식 자리에 놓인 꽃병에 애기나리가 꽂혀 있었다. 이를 본 총독이 이게 무슨 꽃인지 매우 예쁘다고 하자 그는 애기나리인데 한국의 산하에서는 더 예쁘고 외국은 물론 일본에도 자라지 않는 꽃들이 부지기수라고 했다. 그러자 총독이 그것을 연구해 달라고 하며, 총독부의 촉탁으로 위촉해 아낌없이 예산 지원을 해주었다. 그후 그는 총독부의 지원을 받아 매년 몇 개월씩 우리나라 방방곡곡을 찾아 식물을 탐사하며 채집했는데, 이때 대구 도동으로 내려와 현장을 확인하고 덤으로

도동 측백수림(천연기념물 제1호)

'큰구와꼬리풀'을 발견했다.

　그러나 이 측백나무 숲이 세상에 널리 알려진 것은 대구의 토박이이자 조선 초 문신으로 활동했던 사가 서거정(徐居正, 1420~1488)으로부터 비롯되었다.

　서거정은 아버지 서미성과 어머니 안동 권씨 사이에서 1420년 태어났다. 개국공신 권근(權近 1352~1409)의 외손자이다. 1444년(세종 26)에 급제하여 집현전 박사를 시작으로 대사헌은 물론 6조 판서를 모두 거쳤으며, 홍문관이나 예문관 어느 한 곳의 대

측백나무가 자생하는 항산

제학이 되어도 가문의 영광인데 우리나라에서 최초로 이들 양관(兩館) 대제학을 역임하고 45년간이나 공직을 수행했다. 세종을 시작으로 성종까지 모두 6대 임금을 모시면서 새로 건국한 조선왕조의 기틀을 다지고 문풍을 진작시키는데 크게 이바지한 분이다.

재임 동안 세조의 왕위찬탈, 사육신의 죽음 등 큰 사건들이 끊이지 않았으나 정파에 휩쓸리기보다는 맡은 바 업무를 성실히 수행함으로 잦은 환란(患亂)에도 몸을 유지할 수 있었다. 이런 인품은 당시 혹독한 비평가였던 김시습과도 원만한 관계를 유지했음에서 알 수 있다.

　문장과 글씨에도 능하여《경국대전》,《동국통감》,《동국여지승람》,《동문선》편찬에도 관여하고, 세종의 명으로《향약집성방》을 쉬운 우리말로 정리하였으며, 객관적 비평태도와 주체적인 비평안(批評眼)을 확립하여 후대 시화(詩話)에 큰 영향을 끼친《동인시화》, 간추린 역사, 제도, 풍속 등을 서술한《필원잡기》, 설화, 수필의 집대성이라고 할 만한《태평한화골계전》,《사가집》등을 저술하였다. 1488년(성종 19) 돌아가시니 문충(文忠)이라는 시호를 받았다. 대구 구암서원에 제향 되었다.

　서거정은 또한 고향을 유별나게 사랑해 대구의 아름다운 열 곳 즉 제1경 금호범주(琴湖泛舟, 금호강의 돛단배), 제2경 입암조어(笠巖釣魚, 입암의 낚시질), 제3경 구수춘운(龜岫春雲, 연구산에 서린 봄 구름), 제4경 학루명월(鶴樓明月, 금학루의 보름달), 제5경 남소하화(南沼荷花, 남소의 연꽃), 제6경 북벽향림(北壁香林, 북벽의 향나무 숲), 제7경 동사심승(桐寺尋僧, 동화사 찾아가는 스님), 제8경 노원송객(櫓院送客, 노원역에서 보내는 손) 제9경 공영적설(公嶺積雪, 팔공산의 적설), 제10경 침산만조(砧山晩照, 침산의 석양) 등 대구십영(大丘十詠)이란 시도 남겼다. 이 중에서 제6경 북벽향림은 측백나무 숲을 두고 쓴 시다.

북벽향림(北壁香林)

옛 벽에 푸른 향나무 창같이 늘어섰네
사시로 바람결에 끊이지 않은 저 향기를
연달아 심고 가꾸어
온 고을에 풍기세

　10년이면 강산도 변한다는 말과 같이 5세기가 지난 지금 제2
경의 입암(笠巖)과 제4경의 금학루(琴鶴樓), 제8경의 노원(櫓院)은
자취도 없이 사라졌고, 제5경 남소에 대해서는 그 위치마저 아
직 정하지 못하고 있다. 그러나 북벽향림은 그 많은 세월, 온갖
풍파를 이겨내고 지금까지도 울창한 모습으로 남아 있으니 더
욱 감개무량하다.

영광과 오욕을 함께 간직하다

순종과 달성공원 가이즈까 향나무

모 시민단체 대표 권상구님으로부터 '대한제국의 2대 황제인 순종(純宗)이 대구에 왔을 때 심은 나무가 있다는데 알고 있느냐?'는 전화가 왔었다. 모른다고 대답하고 전화를 끊었으나 조금은 당황스러웠다. 현직에 있을 때 나무를 많이 심고, 보호수 지정도 획기적으로 늘렸는데 평민도 아닌 황제가 대구에 와서 심었다는 나무를 모르고 있다니 말이 되느냐 하는 생각이 들었기 때문이다. 자료를 찾으니 《대구물어(大邱物語)》에 자세히 언급되어 있었다. 이 책은 일본인 카와이 아사오(河井朝雄)가 쓴 것으로 향토사학자로 많은 업적을 남긴 고(故) 손필헌이 번역한 것이다.

황제의 순행(巡幸) 모습을 일본인이 쓴 책을 통해 알 수 있는

순종황제가 심은 나무(오른쪽 나무로 추정)

아이러니에 또 한 번 충격을 받았다. 《대구물어》는 관찬인 《대구부사(大邱府史)》와 함께 일제 강점기 대구를 이해하는 데 필요한 사료다.

'1909년 1월 7일 오후 3시 20분 궁정열차로 (황제가) 대구에 도착하셨다. 하늘에 영광이요, 땅에는 축복이라 한·일 수 많은 민중이 천지를 뒤흔드는 환호 속에서 순종이 탄 수레를 맞이하였다.

폐하의 차가 출발하자 군악대가 국가를 취주(吹奏)하는데 그 장엄한 기운이 사방을 제압하고 맞이하는 관리나 시민 모두가 최고의 경례를 드리는 가운데 폐하는 덮개가 없는 수레에서 가볍게 인사하시며 숙소에 들지 않으시고 의장병(儀仗兵)을 앞세워 도열 속으로 지나셨다.

- 중략 -

폐하께서는 남한 순행의 첫날을 대구에서 보내시고 이튿날 8일 오전 9시 10분 부산으로 출발하시는데 부산, 마산의 순찰을 마치시는 12일에는 대구에 다시 오셔서 하루를 묵게 되시니 대구로서는 이중의 광영이었다.'

'황제 폐하의 귀경길인 12일 오전 11시 이등박문과 함께 마산으로부터 봉련(鳳輦-꼭대기에 금동의 봉황을 달아 놓은 임금님이 타는 가마)이 다시 대구에 안착하였다. 황제의 위엄은 앞서보다 더 장엄하고 시내의 장식도 지난번보다 한층 더 화려했다. 당일 달성공원에 나오서서 폐하 손수 식수와 이등박문의 기념식수가 있었다.'

이상은 순종이 대구에 처음 도착했을 때와 부산, 마산을 거쳐 대구로 다시 되돌아온 장면에 관한 《대구물어》의 기록 일부를 발췌한 것이다.

그 이전 황제는 조칙(詔勅)을 통해 '짐이 생각하건데 백성은 나라의 근본이다. 이에 시정개선의 결심을 하였다. 지방 각지의 소요는 아직도 가라앉지 않고 서민의 고통은 계속되고 있으니 생각만 해도 가슴 아픈 일이다. 하물며 이 추위를 당한 백성의 곤궁함이 눈에 선한데 어찌 한시라도 금의옥식(錦衣玉食)에 혼자만 안주하랴.' 라고 순행 목적을 밝히셨다. 그러나 왜 대구를 선택하였느냐에 대해서는 따로 설명이 없다.

1907년 국채보상운동이 시사하듯이 더 이상 내버려둔다면 대구가 항일운동의 거점이 되지 아니할까 하는 우려를 미리 차단하려 했던 걸로 생각된다. 그러나 심은 나무의 수종이 뭔지, 지금도 현존하고 있는지가 궁금했다. 고심을 거듭한 끝에 공원 관리계장 이대영 씨와 공무원 선배 정시식과 함께 확인 작업을 시작했다. 이 계장이 일러준 곳을 보니 크기가 비슷한 두 그루의 가이즈까 향나무가 나란히 서 있는 모습이 의도적으로 심은 것이 분명해 보였다.

뿌리 지름을 측정해 보니 공원 입구에서 오른편은 276cm 좌측 편의 나무는 285cm였다. 당시 일본의 수식문화가 나이에 따라 심는 풍습도 있다고 하니 이등박문은 66세, 순종은 33세였으니 더 굵은 것이 이등박문, 작은 것이 순종이 심은 것으로 추정할 수 있다. 그러나 사람의 운명은 한 치 앞도 모른다는 말이 있듯이 그 당당했던 이등박문은 그해 10월 만주 하얼빈에서 안중근 의사에 의해 사살되고, 순종 역시 이듬해 8월, 나라를 일본에 넘기고 500여 년을 지켜온 조선 왕조는 막을 내리고 만다.

이어 대구의 본향인 달성 역시 신사(神社)가 들어서는 등 더럽혀진다. 공원 한복판에 버티고 있는 가이즈까 향나무 역시 영광과 오욕을 함께 간직한 역사의 부스럼 같은 존재일 수도 있다. 그러나 조선의 마지막 황제가 손수 심은 나무인 만큼 잘 보존되었으면 한다.

남명적 체질 위에 퇴계적 함양을 가하다

정구 선생과 도동서원 은행나무

조선 후기 실학자 성호 이익(李瀷)은 한강 정구 선생을 일러 '영남 상·하도 학문을 도산(陶山)과 덕천(德川) 두 사문(師門)으로 부터 흡수 소화하여 자기를 대성시킨 분이다. 남명적 체질 위에 퇴계적 함양을 가했다.'고 했다. 즉 학문하는 자세와 인격수양 방법은 퇴계를 닮고, 호방하고 원대한 기상은 남명을 닮았다는 뜻일 것이다. 1501년(연산군 7) 영남 지역에는 공교롭게도 두 거 인이 탄생해 각기 학파를 형성한다. 조식의 남명학파와 이황의 퇴계학파다. 두 선생의 문하에 출입한 정구 선생은 이들 계파를 아우르는데 그치지 않고 오히려 독자적인 학문 세계를 구축했 다. 특히 퇴계학을 근기(近畿)지방까지 확산시키고 더 나아가 실 학(實學)이라는 새로운 학문을 잉태시키는 고리 역할을 했다.

한강 정구 선생이 심은 은행나무

정구 선생은 1543년(중종 38) 성주에서 태어났다. 할아버지 정응상은 한훤당 김굉필의 제자이자 사위였다. 이런 연유로 정구 선생의 아버지 정사중은 한때 현풍 솔례로 옮겨 와서 살기도 했다. 성주 향교에 교수로 와 있던 종이모부인 오건(吳健)에게 글을 배우기를 시작하여 21세에는 퇴계, 24세에는 남명 양문의 제자가 되었다. 조정으로부터 여러 차례 부름을 받았으나, 사양하다가 1579년(선조 12) 창녕 현감으로 나아가 그후 강원도 관찰사, 충주 목사, 안동대도호 부사, 형조참판, 대사헌 등 내·외직

을 두루 역임했다.

정구 선생이 만년을 보내다가 돌아가신 곳은 대구이다. 처음 팔거현 노곡(현, 칠곡군 지천면 신리)으로 이주했다가 화재가 나 그 동안 써 두었던 많은 서책을 잃고 다시 옮긴 곳이 대구의 사빈 (泗濱) 즉, 오늘날 대구시 북구 사수동이다. 사양정사를 지어 강론과 저술에 몰두하다가 1620년(광해군 12) 78세의 일기로 돌아가셨다.

저서로《오선생예절분류》,《심경발휘》등이 있으며 성주의

회연서원, 충주의 운곡서원, 창녕의 관산서원 등 여러 서원에 배향되었다. 문목(文穆)이라는 시호가 내려지고, 영의정에 추증되었다.

대구의 많은 선비들이 정구 선생의 제자이다. 대구는 서거정이 문형(文衡)을 맡는 등 한강 이전 출중한 유학자가 없었던 것은 아니었지만 일찍 상경한 관계로 후학을 기르지 못했다. 따라서 대구의 문예부흥기라고 할 수 있는 16세기 후반부터 17세기까지는 이른 바 한강학맥이 대구의 공론을 주도했다.

1529년(중종 24)부터 1665년(숙종 6)까지 136년 동안 대구에서 활동한 유학자로 임진왜란, 정유재란, 병자호란 등 나라가 위기에 처했을 때 충의(忠義)로 일어나 의병활동을 주도하고 인재 양성에 기여한 분들을 일러 《대구십현》, 또는 《달성십현》이라고 한다.

그들의 면면은 일직인 졸암(拙菴) 손단(孫湍, 1626~1713)의 《유현록》(가)에 12명, 인천 채씨 《택고문서(宅古文書)》《덕행록》(나)에 10명, 순천인 도곡(陶谷) 박종우(朴宗祐, 1587~1654)의 《도곡문집》(다)에 '달성10현'으로 10명이 등재되어 있다.

이 3자료(가+나+다)에 모두 포함되어 있는 분은 정사철, 곽재겸, 서사원, 손처눌, 채몽연 등 5명이고, 《유현록》과 《택고문서》 2자료(가+나)에 포함된 분은 주신언, 채선각, 도성유 등 3

한강 정구 선생

명이며,《택고문서》와《도곡문집》2자료(나+다)에는 채응린,
《유현록》과《도곡문집》2자료(가+다)에는 도여유,《유현록》단
독 자료에는 정광천, 정수, 서시립, 3명이고,《택고문서》단독
자료에 류시번이며,《도곡문집》단독 자료에는 박수춘, 서산선,
박종우 등 3명으로 모두 17명이다.

대구 사림에서는 이들을 '달성십현(達城十賢)'이라고 부른다. 성씨별로는 신안 주씨 1명(주신언), 인천 채씨 3명(채응린, 채선각, 채몽연), 동래 정씨 3명(정사철, 정광천, 정수), 현풍 곽씨 1명(곽재겸), 달성 서씨 3명(서사원, 서시립, 서사선), 일직 손씨 1명(손처눌), 문화 류씨 1명(류시번), 성주 도씨 2명(도성유, 도여유), 밀양 박씨 1명(박수춘), 순천 박씨 1명 (박종우)이다.

이들은 개인으로나 문중으로나 당시 대구 여론을 주도한 사람들이다. 이들 17명 중 14명이 한강 정구 선생의 제자임을 고려하면 정구 선생이 대구 문풍 진작(振作)에 끼친 영향이 크다는 것을 알 수 있다. 특히 낙재 서사원과 모당 손처눌은 각기 113명과 202명의 제자를 배출함으로 한강의 학문과 사상이 대구 정신의 뿌리가 되었다.

정구 선생은 외증조부인 한훤당을 받드는 일에도 소홀함이 없어 흩어진 행장(行狀)을 수습했고 임진왜란으로 불탄 서원 재건에도 앞장섰다. 1610년(광해군 2) 도동서원(사적 제488호)의 사액이 내려오자 서원 앞에 한 그루 은행나무를 심어 뜻 깊은 일을 오래 기리고자 했다.

구약성서에 70회나 등장하는 성스러운 나무

서상돈과 천주교 대구교구청 히말라야시다

지방 도시 대구가 널리 알려져 이른 바 상표 가치가 높아진 것은 신라 제31대 신문왕(재위 681~692)이 대구로 천도(遷都)하려 했던 일과 임란 후 경상감영이 설치되고 지방행정의 중심지가 되고부터라고 할 수 있다. 그러나 전 국민에게 크게 알려진 계기는 국채보상운동을 주도하고부터이다. 남녀의 차별이 극심했고, 반상(班常)의 차이가 엄격했던 시절, 성별과 연령, 신분의 귀천을 가릴 것 없이 민족 전체가 참가한 국채보상운동은 전 국민의 자랑거리이자 다른 도시의 사람들이 부러워했던 대구 사람그중에서도 서상돈(徐相燉)이 주도한 민족자존, 자강운동이다.

서상돈은 세례명이 아우구스티노로 1850년(철종 1) 아버지 서철순과 어머니 김해 김씨 사이에 김천시 지좌동에서 장남으로

서상돈이 심은 히말라야시다

서상돈 수식 표지석

출생했다. 증조부 때부터 천주교 가문이 되었고, 1801년(순조 1) 신유박해 때 강원도와 충청도로, 1839년(헌종 5) 기해박해 때 경상북도 문경, 상주 등지로 피난하였다가, 1859년(철종 10) 대구 죽전에 정착하였다.

  1866년(고종 3) 병인박해 때는 신앙 문제로 문중에서 쫓겨나고 가산도 탕진해 버렸다. 서상돈의 나이 18세 때 쌀, 소금, 지물 (紙物) 및 포목상을 시작하여 상당한 부를 축적했으며, 이후 정부의 특명으로 경상도 시찰관에 임명되었다. 이때부터 대구 천주교회 로베르(Robert, A. J. 金保祿) 신부를 중심으로 천주교 발전

천주교 대구교구청 내 서상돈 상

에 힘썼다. 시찰관에서 퇴임한 뒤 실업계의 중진으로 대구의 경
제권을 좌우할 만큼 갑부 대열에 들었다. 그뒤 우리나라에서 두
번째로 대구 교구가 설립되자 교회 발전과 성직자 돕기, 수녀
보호에 앞장섰다.

　서상돈은 외세의 국권 침탈에도 맞서 독립협회의 주요 회원
으로 활약했다. 독립협회 제4기 민중 투쟁기에는 재무부 부장
급의 일원으로 활약하였다. 1907년 2월 16일 대구 광문사(廣文
社)에서 그 명칭을 대동광문회(大東廣文會)로 개칭하기 위한 회
의를 마친 뒤, 광문사 부사장으로서 담배를 끊어 당시의 국채

1,300만 환을 보상할 것을 제의하였다. 이에 참석한 회원들이 2,000여 환을 갹출하고, 전국적으로 전개하기 위해 '국채보상 취지서'를 작성, 발표하였다. 즉 국채 1,300만 환은 대한제국의 존망에 직결된 것으로, 2,000만 국민이 3개월 동안 흡연을 하지 않고 그 대금 20전씩을 거둔다면 1,300만 환을 모을 수 있으며, 나머지는 특별 모금한다는 것이었다.

대구 광문사 사장 김광제(金光濟) 등과 전개한 국채보상운동은 황성신문, 대한매일신보, 제국신문 등을 비롯한 민족 언론기관들의 적극적인 호응을 얻어 전국적인 운동으로 발전하였다. 그러나 이에 불안을 느낀 일제의 탄압으로 실패하고 말았다. 그때 모인 자금은 그 뒤에 전개된 민립대학 설립운동에 쓰였다.

1913년 63세로 돌아가셨다. 묘지는 대구시 수성구 범물동 천주교 묘역에 있다.

대구시에서는 대구를 빛낸 선생을 위하여 국채보상운동기념공원을 조성하고 100주년을 맞는 2007년에는 서상돈과 김광제 두 분을 '이달의 문화인물' 선정하도록 하였으며 기념우표발간, 국제학술대회의 개최, 흉상건립, 기념음악회개최, 금연운동전개, 관련유적답사 등 다양한 행사를 펼쳤다.

필자 역시 기념행사의 일부를 진행하면서 서상돈의 묘소가 있는 곳은 멀어서 못 가고 생가는 복원되지 않아 아쉬움이 컸었는데 대구 교구청에 서상돈이 심은 히말라야시다가 있다는 제보를 받았다. 성모당, 성 김대건기념관 등이 있는 대구 교구청은 대구 가톨릭의 심장부이다. 그 입구 계단 양쪽에 원래 심은 것은 죽고 새로 심었다는 크기와 굵기가 비슷한 두 그루가 나란히 서 있고 그 밑에 서상돈 수식(手植)이라고 쓴 표석이 있었다. 그러나 아쉽게도 심은 연도와 목적이 없어 언제, 무엇 때문에 심었는지 알 수 없었다. 일대는 서상돈이 희사한 땅인 만큼 대구 교구가 설정된 것을 기념하기 위한 것이 아니었던가 생각된다.

히말라야시다를 우리말로 개잎갈나무라고 하고, 성서에서는 백향목(柏香木)이라고 한다. 구약성서에 무려 70회나 등장하는 성스러운 나무로 예수님이 십자가에 못 박혀 돌아가실 때 기둥으로 사용되었던 나무이기도 하다.

충청권

맹사성과 아산 맹씨행단의 쌍행수 · 민병갈과 천리포
수목원의 태산목 · 유청신과 천안 광덕사 호두나무 ·
추사 김정희와 예산 용궁리 백송

대문 밖에서 맞이하고 배웅하다

맹사성과 아산 맹씨 행단의 쌍행수

충남 예산, 아산 일대 답사에 나섰다. 애초에는 추사 고택과 수덕사, 맹씨 행단이 목적이었으나 외암 마을까지 둘러봤다. 익히 알려진 이름난 유적지라 어느 한 곳 소중하지 않은 곳이 없지만 추사 고택은 이미 다녀 온 곳이고, 노거수에 관심이 많은 나에게 맹씨 행단은 관심을 끄는 곳이었다. 맹사성(古佛)이 1380년(우왕 6)경 직접 심은 수령이 630년을 넘는 오래된 나무일 뿐 아니라. 공자가 제자를 가르쳤다는 행단(杏壇)도 이런 모습일까 궁금했다.

정승 맹사성(1360~1438)은 온양 출신으로 본관은 신창(新昌)이며 아호는 동포(東浦)·고불(古佛)이다. 아버지 고려 수문전제학 희도(希道)와 어머니 철원 최씨 사이에 태어났으며 무민공 최영

맹사성이 심은 맹씨 행단의 쌍행수

(崔瑩) 장군의 손녀 남편이다. 1386년(우왕 12)에 문과에 장원(壯元)급제하여 우헌납, 내사사인(內史舍人) 등 내, 외직을 두루 역임하였다.

조선이 건국된 뒤 태조 때 예조의랑이 된 이래, 정종 때 간의우산기상시·간의좌산기상시, 태종 때 이조참의 등을 역임하였다. 1407년(태종 7) 예문관제학이 되어, 진표사(進表使)로 명나라에 가는 세자를 시종관으로서 수행하여 다녀왔다. 1408년 사헌부 대사헌이 되어 지평 박안신과 함께 평양군(平壤君) 조대림(趙大臨 : 태종의 딸 경정 공주의 남편)을 왕에게 보고하지 않고 잡아다가

최영 장군의 아버지 최원직이 지었다는 맹씨 고택

맹사성과 아버지 맹희도, 할아버지 맹유를 기리는 세덕사

고문하였다. 이 일로 태종의 노여움을 사서 처형될 뻔했으나 영
의정 성석린(成石璘)의 도움으로 죽음을 면하였다.

1411년 다시 판 충주목사로 임명되고 1416년 이조참판에 이
어 예조판서가 되었다.

이듬해 노부(老父)의 병간호를 위해 사직을 원했으나 윤허되
지 않고, 역마와 약을 하사받았다. 이어 호조판서가 되어서도
고향의 노부를 위해 다시 사직을 원했다. 그러나 왕은 그를 충
청도 관찰사로 삼아 노부를 봉양하게 하였다. 1418년 공조판서
가 되어 또다시 노부의 병간호를 위해 사직하려 했으나 받아들

여지지 않았다. 1419년(세종 1) 이조판서와 예문관대제학이 되고, 이듬해에 다시 이조판서가 되었다. 1421년 의정부찬성사를 역임하고 1427년에 우의정이 되었다.

그는 재임 시 《태종실록》을 감수하였다.

세종이 한번 보고자 하였으나 "왕이 실록을 보고 고치면 반드시 후세에 이를 본받게 되어 사관(史官)이 두려워서 그 직무를 수행할 수 없을 것"이라 하고 반대하니 이에 따랐다.

1432년 좌의정에 오르고 1435년 나이가 많아서 벼슬을 사양하고 물러났다. 그러나 나라에 중요한 정사가 있으면 반드시 그에게 자문하였다. 사람됨이 소탈하고 조용하며 엄하지 않았다고 한다. 비록 벼슬이 낮은 사람이 찾아와도 반드시 공복을 갖추고 대문 밖에 나가 맞아들여 윗자리에 앉히고, 돌아갈 때도 공손하게 배웅하여 말을 탄 뒤에야 들어왔다. 효성이 지극하고 청백하여 식량은 늘 녹미(祿米, 봉급으로 받은 쌀)로 하였다. 출입할 때에는 소타기를 좋아하여 보는 이들이 그가 재상인 줄을 알지 못하였다고 한다.

영의정 성석린은 선배로서 그의 집 가까이에 살았는데, 매번 그의 집을 오고 갈 때는 그 집 앞에서 말에서 내려 걸어서 지나갔다. 음악에 조예가 있어 스스로 악기를 만들어 즐겼다. 품성이 어질고 부드러웠으나, 조정의 중요한 정사를 논의할 때에는 결단성이 있었다. 시호는 문정(文貞)이다.

　일대는 사적지(제109호)로 지정되어 있다. 최원직(최영 장군의 아버지)이 지었다는 우리나라에서 가장 오래된 민가 주택 '맹씨 고가'는 여느 사대부집보다 규모가 작았다. 일생을 청빈하게 살아오고 백성을 누구보다 사랑한 목민관으로 널리 알려진 분의 유적지라 그런지 모든 것이 간소해 보였다.

　다만, 직접 심었다는 은행나무는 수령이나 공직자로서 맹사성이 보여 준 인품을 감안한다면 천연기념물로 지정해도 손색이 없을 터인데 보호수에 그치고 있어 아쉽다.

　오늘날 많은 공직자가 나라를 위해 열심히 봉사하고 있지만 미흡하다는 지적이 많다. 황금을 돌과 같이 보라했던 최영 장군과 청백리 맹사성이 살던 공간을 방문해 마음을 추스르는 기회가 많았으면 한다.

우리나라 최초로 사립 수목원을 세우다

민병갈과 천리포 수목원의 태산목

충청남도 태안의 천리포수목원은 워낙 이름이 알려진 곳이라 숲을 공부하지 않은 사람도 많이 찾는 곳이다. 필자 역시 몇 번 다녀왔고 시민들에게 개방하기 전 관계자들의 도움으로 별채에서 하룻밤을 묵은 적도 있다. 설립자 민병갈(閔丙渴, 1921~2002)은 정부나 지자체는 물론 한국 사람들이 수목원의 가치를 모르고 있을 때 사비(私費)로 조성했다는데 큰 의미가 있다.

대구수목원 조성을 기획하면서 또다시 천리포 수목원을 찾았다. 지형이나 규모, 기후 조건이 다르나 종 보존이나 교육을 통해 시민들의 숲에 대한 이해와 목표는 같은 만큼 참고하고 싶은 것이 많았기 때문이었다.

특히, 이런 수목원과 경쟁하려면 어떻게 해야 할까? 하는 고

태산목(리틀 잼)

민을 해결하기 위해서이기도 하다. 버려져 있다시피 한 황무지를 수목원으로 조성하는데 기울인 노력은 《세상에서 가장 아름다운 수목원 (글 임준수, 사진 류기성, 2004, 김영사)》에 잘 나타나 있다. 나는 이 책을 읽고 그의 숭고한 마음에 눈물이 날 정도로 감동했다. 그는 한국 사람도 아니면서 우리나라에서 최초로 사립수목원을 세운 사람이다.

본래 이름은 칼 페리스 밀러(Carl Ferris Miller)로 1921년 미국 펜실베이니아 주 웨스트 피츠턴에서 태어났고, 버크넬(Bucknell)대

민병갈 나무 안내판   민병갈 흉상

학에서 화학을 전공하였다. 러시아어와 독일어를 할 줄 알았고, 한자를 배우기도 하였다. 1946년, 연합군 중위로 처음 한국에 오게 되었다. 당시 25살이었고, 1947년 1월 주한 미군사령부 사법분과위원회 정책 고문관으로 지원해 왔다. 대한민국 정부수립 시 미국으로 돌아갔다가 1953년 한국은행에 취직해 자리 잡을 때까지 일본과 미국, 한국을 왔다 갔다 했다.

 1979년 민병갈이라는 이름으로 귀화해 천리포수목원 조성을 시작하였다. 그는 서울의 증권사에서 일하면서 수목원 조성에 힘을 쏟았고, 한국과 식물에 대한 공부에 힘을 쏟았다. 1979년 천리포수목원 재단을 설립했고 1989년까지 10년 동안 해외교

류 학습을 통해 영국왕립 원예협회 공로 메달을 받았다. 1978
년 남해안 답사여행에서 감탕나무(Ilex)와 호랑가시나무의 자연
교잡(交雜)으로 생긴 신종 식물을 발견하였고, 세계에서 한국의
완도에서만 자라는 희귀종으로 검증되었다. 발견자와 서식지
이름을 넣은 학명 'Ilex x Wandoensis C. F. Miller'를 국제학회
에 등록했고 한국 이름은 '완도호랑가시'로 정했다. 천리포수
목원에서 배양된 완도호랑가시는 종자목록(Index Seminum)
발행을 통한 여러 나라 간 종자 교류 프로그램을 통해 해외로
퍼져나갔고, 천리포수목원도 이 프로그램을 통해 36개국 140개
기관으로부터 다양한 품종의 나무를 들여왔다.

그는 국제적인 교류에 관심이 많아 1997년 4월 국제목련학회
연차 총회를 서울에서 개최하고, 1998년 5월에는 미국수목원이
주축을 이룬 범세계적 학술친목단체인 HSA의 총회를 천리포
수목원에서 개최했다.

2000년 아시아 최초로 국제수목학회가 지정한 '세계의 아름
다운 수목원', 미국 호랑가시학회가 선정하는 '공인 호랑가시
수목원'이 되었다. 2002년 4월 8일 81세로 숨을 거두었다. 2002
년 대통령이 수여하는 금탑산업훈장을 수상하였으며, 같은 해
미국 프리덤 재단에서 우정의 메달을 수상했다. 2005년에는 한
국 임업 발전에 기여한 공로로 박정희 전 대통령, 현신규 박사,

임종국 독립가, 김이만 씨에 이어 5번째로 '숲의 명예전당'에 헌정되었다.

천리포수목원에는 현재 15,894종(2014년 기준) 즉 우리나라에서는 가장 많은 식물이 살고 있고, 그가 그토록 사랑했던 곳 천리포수목원 내 태산목(리틀 젬) 밑에 잠들고 있다.

태산목은 오바마 미국 대통령이 한국을 방문했을 때 세월호 사고로 희생된 사람들을 애도하기 위해 가져와 단원고 교정에 심은 잭슨 목련과 같은 과의 나무이다. 미국 사람들은 태산목을 '가족 사랑의 가치'를 상징하는 나무로 믿고 있다. 그 유래는 미국 제7대 대통령 앤드루 잭슨(Andrew Jackson, 1767-1845)이 '내쉬빌(Nashville)'에 있는 자신의 집에서 먼저 세상을 떠난 아내를 그리워하며 가져온 목련 싹을 백악관에 심고 그리워했기 때문에 많은 미국인에게 감동을 준 데서 비롯된다. 현재 백악관의 식기(食器), 접시 등의 문장(紋章)과 20달러 지폐에 잭슨 목련을 사용하고 있다.

백성을 위해 외국에서 나무를 가져오다

유청신과 천안 광덕사 호두나무

천안은 꼭 가봐야 할 곳이었다. 애틋하게 사랑하는 연인이 있거나, 흉금을 털어놓고 지내는 친구가 있어서가 아니다. 15여 년 전 '천안 삼거리' 복원 공사에 필요하다며 가져간 수양버들이 잘 자라고 있는지, 유청신 선생이 가져온 호두나무가 어떤 모습으로 자라고 있는지 궁금했기 때문이다.

그때 대구 시청에서는 수양버들을 키우고 있었다. 민요나 유행가에 등장하는 친숙한 나무이나 솜털 때문에 일어나는 민원으로 많은 나무를 베어내다가 생각해낸 것이 솜털이 날리지 않는 수[雄]나무 양묘였다. 그런데 천안시가 어떻게 알고 필요하다며 분양을 요구했다. 처음에는 거절했다. 그러나 여러 사람을 통해 거듭 요청해와 150그루를 보냈다. 천안 삼거리를 복원하

원나라에서 묘목을 가져와서 심었다는 호두나무

는데 심을 것이라고 했다. 흥타령의 발상지이자 삼남(三南)의 선비들이 청운의 꿈을 품고 한양으로 입성하기 위해 숱한 애환을 남긴 곳을 복원하는 데 도움을 주는 것도 뜻있는 일이라고 여겼다. 또한, 한 선각자의 특별한 나무 사랑으로 오늘날 국민 간식으로 자리매김한 '천안호두과자'로 지역의 가치를 높였고, 주민소득 증대에 이바지한 우리나라 최고령의 호두나무가 보고 싶었기 때문이다.

찾아간 광덕사 입구에는 '고려승상영밀공유청신공덕비'와

호서 제일의 절 광덕사

'호두전래사적비'가 나란히 서 있었다. 나무가 있는 태화산 광덕사는 '호서제일 선원'이라는 편액이 걸려 있어 명 사찰임을 실감했다. 자장율사가 세웠으며 보물 6점, 천연기념물 1점 등 승보(僧寶)도 있었다.

호두나무(천연기념물 제398호)는 보화루 오른쪽에 있었다. 지상 0.6m 정도에서 2개의 가지로 갈라졌다가 다시 세 개의 가지로 뻗어 나갔다. 지난봄 극심한 추위와 가뭄에도 가지가 휘어질 정도로 많이 달렸다. 나무 앞에는 '유청신 선생 호두나무 시식지'라는 표석이 서 있었다. 1290년(충렬왕 16) 9월 원나라에 갔다가

승상 유청신과 호두 전래 사적비

임금을 모시고 돌아올 때 어린나무와 열매를 가지고 와서 묘목은 광덕사에 심고, 호두는 집에 파종했는데 그때 묘목이 자란 것이다. 그렇다면 올해로 수령이 740여 년 정도가 되어야 하는데 안내판에는 400년이라고 해 300여 년의 오차가 있다.

이런 사례는 전국적으로 몇 곳 있는데 맹아가 자란 경우에는 심은 년도를 기준으로 수령을 산정하는 것이 더 합리적이다. 왜냐하면, 모수의 유전 형질을 그대로 이어받아 생물학적으로 같은 개체이기 때문이다.

영밀공 유청신(柳淸臣, ? ~1329)은 고흥의 고이부곡(高伊部曲) 사람으로 선대가 그곳의 관리였다고 한다. 몽골어를 잘해 여러 차례 원나라 사신으로 다녀왔고 그 공으로 충렬왕의 총애를 받아 낭장(정6품, 무관)이 되었다. 당시 부곡 출신은 정5품 이상의 관직에 오를 수 없었다. 그러나 유청신은 그런 제약을 뛰어넘어 재상의 반열에 올랐다. 그러나 충렬왕이 다시 복위하면서 정쟁에 휘말려 원나라에 압송되고 최유엄, 홍선 등 충선왕 지지자들과 함께 파직되었다. 그 뒤 원에 억류되었던 충선왕이 원의 무종(武宗)을 옹립한 공으로 권력을 장악하자 유청신 또한 중용되고 비(庇)대신에 청신(淸臣)이라는 이름을 황제로부터 하사받았다.

1310년(충선왕 2) 고흥 부원군(高興府院君)으로 봉해졌다. 충숙왕이 원나라에 소환될 때 따라가 그곳에서 돌아갔다. 시호는 영밀(英密)이다.

호두나무는 손자 장(莊)에 의해 널리 보급되었다. 여말 나라가 혼란하자 아버지와 함께 낙향하여 할아버지가 가져온 호두나무 기르기에 열중했다고 한다. 독립운동가 유관순(1902~1920) 열사는 유청신의 후손이다. 영밀공 유청신 선생의 아름다운 마음은 천안은 물론 나라 사람 모두에게 오래 기억될 미담이다.

마음으로 깨닫고 정신으로 만나리라

추사 김정희와 예산 용궁리 백송

추사(秋史) 김정희(金正喜)를 만나러 가는 길은 결코 수월하지 않았다. 대구에서 대전행 고속버스를 타고 동부터미널에 내려 다시 예산행 시외버스를 타고 가서도 택시를 이용해야 했기 때문이다. 시간만도 4~5시간, 터미널에서 기다리는 시간까지 합치면 5~6시간 왕복 10~12시간이 소요되는 거리다. 서예나 금석학을 공부하는 것도 아닌 사람이 먼 길을 마다하지 않는 것은 1809년(순조 9) 선생의 나이 24세 때 아버지 김노경이 사신으로 갈 때 따라갔다가 북경에서 씨를 가져와 심은 수령 200여 년의 백송(천연기념물 제106호)을 보기 위해서이고, 다음은 추사가 팔공산 동화사를 찾았을 때 정조가 스님으로는 조선 제일의 문장가라고 격찬했던 인악(仁嶽, 1746~1796, 속명 이의침) 대사를 추모하는

추사가 사신으로 가는 아버지와 함께 북경에 갔다가 씨앗을 가져다 심은 백송

스님의 오심은 한가로운 구름 무심히 피어남

스님의 가심은 외로운 학 한 마리 긴 울음

- 중략 -

어찌 칠 분(七分)이나 닮았으랴

아득한 저 허공 너머에서 마음으로 깨닫고 정신으로 만나리라.

라는 한 편의 시를 남겨 비록 방계 후손이지만 흠모의 정을

추사 고택

가슴 깊이 새기고 있었기 때문이다.

백송(白松)은 나무껍질이 희기 때문에 붙인 이름이다. 중국 북부지역이 원산지이고, 자연 상태에서 발아(發芽)가 어려우며, 잎이 3개인 점이 여느 소나무와 다르다. 최근 조경용으로 양묘한 것을 제외하면 우리나라 백송 노거수는 거의 모두가 천연기념물로 지정되어있다.

추사 김정희는 1786년(정조 10) 아버지 유당 김노경(金魯敬)과 어머니 기계 유씨 사이에 장남으로 태어났으나 큰아버지 노영

(魯永)의 양자로 입적하였다. 증조부 한신(漢藎, 1720~1758)은 영조의 둘째 딸 화순옹주와 혼인하여 월성위(月城尉)에 봉해지고, 제용감 제조(각종 직물 따위를 진상하고 하사하는 일이나 채색이나 염색, 직조하는 일을 맡아 보던 관아의 수장 정3품)를 역임하다가 38세라는 젊은 나이에 운명했다. 이에 아내 화순옹주가 식음을 전폐하고 남편의 뒤를 따르려 하자 영조가 만류하였으나 결국 남편의 뒤를 따랐다. 훗날 정조가 정려를 내렸다.

할아버지 정헌공(靖憲公) 김이주는 대사헌, 대사간과 병조판서를 지냈고, 아버지 김노경(1766~1840)은 대과에 급제 이, 예, 공, 형, 병조판서는 물론 지돈녕 부사를 지냈으며 글씨를 잘 써서 아들 추사에게 큰 영향을 끼쳤다. 이러한 훌륭한 가문에 태어난 추사는 일찍부터 글씨를 잘 써서 6살 때 그의 입춘첩을 본 박제가(朴齊家, 1750~1805)의 눈에 띄어 그의 제자가 되었다. 1819년(순조 19) 대과에 급제하여 성균관 대사성 등 순조로운 관직 생활을 했다. 그러나 권력 다툼이 전개되는 과정에 화가 미쳐 1840(헌종 6)년 제주도로 유배되어 위리안치 되는 불행을 겪는다. 명문가의 후예로 승승장구하던 그에게는 큰 충격이었을 것이다. 1848년(헌종 14)까지 무려 9년 동안 제주도의 매서운 바닷바람을 맞아야 했다. 그러나 정작 힘들었던 것은 이런 거친 환경보다 주변 사람들의 배신감이었을 것이다.

이 시기에 추사체라는 독창적인 필법을 완성하고 '세한도(국보 제180호)'라는 걸작을 탄생시켰다. 유배생활에서 풀려난 3년 후 1851년(철종 2) 영의정이었던 친구 권돈인의 일에 연루되어 함경도 북청에 유배되었다가 2년 만에 돌아왔다. 그러나 세상은 바뀌어 안동 김씨가 득세하면서 다시 정계에 복귀하지 못하고 아버지의 묘소가 있는 과천에 은거하면서 학문에 몰두하다가 1856년(철종 7) 71세로 생을 마감했다.

용궁리 묘소는 명성에 비하면 너무나 간소했고, 기념관도 잘 꾸며져 있다. 먼 길을 갔었지만, 선생이 뛰놀던 공간과 혼이 흐르는 백송(白松)을 만날 수 있어 기뻤다.

전남권

성능스님과 화엄사의 홍매 · 김영랑과 강진 생가의 은행나무 · 오희도와 담양 명옥헌 배롱나무 · 달성 배씨의 혼이 깃든 무안 청천리 줄나무 · 법정스님과 송광사 불일암의 일본 목련 · 서재필 박사와 보성 가천리 뽕나무 · 담양 소쇄원의 일본 철쭉 · 변협과 해남군청의 수성송 · 도선국사와 광양 옥룡사 동백나무 숲 · 장화왕후와 나주 완사천 수양버들 · 류이주와 구례 운조루 회양목 · 해남 윤씨의 상징 덕음산 비자나무 숲 · 학포 양팽손과 화순 월곡리 무환자나무

이 몸 죽어 불사를 이루리라

성능스님과 화엄사의 홍매

한국 불교 천 년의 성지 지리산 화엄사(華嚴寺 사적 제505호)는 절 이름으로 보아서는 화엄종조인 의상대사가 창건했을 것으로 생각하기 쉬우나 544년(백제 성왕 22) 인도에서 온 연기조사(緣起祖師)에 의해 창건되었다. 뒷날 자장율사가 부처님의 진신사리를 모시면서 절의 위상이 높아지고 이어 의상대사가 주석하면서 장육전(丈六殿)을 짓고 사방의 벽에 화엄경을 새겨 화엄도량으로 자리매김한 절이다. 신라 말 도선 국사가 다시 사세를 크게 확장하고 조선조에 와서 선종의 대본산으로 자리 잡았다.

소나무, 동백나무 등이 울창하지만 특이한 것은 지장암 뒤의 올벚나무(천연기념물 제38호)와 각황전(국보 67호) 앞의 홍매(紅梅), 그리고 1964년 박정희 전 대통령이 기념식수한 잣나무다.

계파성능이 심었다는 홍매

특히, 홍매는 장육전이 있던 자리에 각황전을 새로 짓고 이를 기념하기 위해 계파성능(桂坡性能, ?~?) 스님이 심었다고 전해 온다.

스님은 임진왜란으로 불타버린 장육전을 중건하고자 크게 발원을 세웠으나 자금이 문제였다. 고민 중이던 어느 날 꿈에 한 신인(神人)이 나타나 큰일을 도모하려면 복 있는 화주승(化主僧)을 골라 능력 있는 시주자의 도움을 받아야 한다. 그러기 위해

숙종이 시주해 지었다는 각황전

서는 특별한 방법을 써서 사람을 골라야 하는데 물을 담은 항아리와 밀가루를 담은 항아리를 준비해 물을 담은 항아리에 먼저손을 넣게 한 후 밀가루 담은 항아리에 손을 넣어 밀가루가 묻지 않는 사람으로 화주승으로 삼으라고 했다. 다음날 스님들에게 간밤의 꿈을 이야기하고 항아리를 준비시켰다. 스님들을 모아 차례로 물 항아리에 손을 담그고 밀가루가 있는 항아리에 손을 넣게 하였더니 밀가루가 묻지 않는 스님이 없었다. 이제 밥짓는 일만 하는 공양주(供養主) 스님만 남았다. 모든 스님이 주시하고 있는 가운데 손을 넣으니 과연 밀가루가 묻지 않았다. 이에 모두 그를 향해 삼배를 올리며 축하했다.

　이를 지켜보던 계파성능 스님이 '그대가 많은 스님을 물리치고 이 일을 주관할 화주승이 되었다. 이는 내가 그렇게 하고자 한 것이 아니라, 지리산의 주인인 문수보살이 선택한 것이니 부디 책임을 져 나와 더불어 불사를 도모하자고 하였다.' 그러나 늘 밥 짓는 일만 하던 그로서는 여간 걱정되는 일이 아니었다. 대웅전에 들어가 부처님께 간절히 기도하였더니 비몽사몽간에 문수보살이 나타나 이르기를 '그대는 걱정을 하지 말라. 자고 일어나거든 바로 길을 떠나라. 그리고 제일 먼저 만나는 사람에게 시주를 권하라 하였다.' 하여 다음 날 아침 그는 문수보살이 일러 준 대로 일주문을 나섰다. 한참을 내려가니 남루한 옷을 입은 한 노파가 나타났다. 자식도 없는 늙은이로 절에 와서 잔심부름을 하면서 누룽지 따위를 얻어먹는 사람이었다. 그러나 문수보살의 말이 생각나 큰절을 하면서 '오! 대 시주이시여 장육전을 지어 주소서.' 하면서 절을 하였다. 처음에는 농담으로 생각한 노파가 스님의 진지한 태도에 놀라 자신의 가난함을 한탄하다가 '이 몸 죽어 불사를 이루리라.' 하면서 깊은 소(沼)에 몸을 던졌다. 화주승은 이 기이한 장면에 너무 놀라 그 길로 멀리 도망을 쳤다.

　한양에 도착한 그는 화창한 봄날, 궁전 앞을 지나다 유모와 같이 밖으로 나온 공주와 마주치게 되었다. 처음 보았는데도 반갑게 옷자락에 매달렸다. 그런데 이 공주는 태어날 때부터 한쪽 손을 펴지 못하는 장애가 있었다. 화주승이 손을 잡았더니 신기하게도 손이 펴지는데 손바닥에 '장육전'이라고 쓰여 있었다. 소식을 전해들은 숙종이 자초지종을 듣고 장육전 지을 비용을 하사하였으며 1703년(숙종 29) 건물이 완성되자 '각황전(覺皇展)'이라는 현판도 내려주고 선·교 양종 대가람이라 했다.

절 전체가 사적인 화엄사에는 대웅전을 비롯한 여러 동의 아름다운 전각들이 많지만, 국보(제67호)로 지정된 것은 이 각황전뿐이다. 그만큼 건축기법이 우수하다는 뜻이다. 그러나 건설의 주인공인 계파성능이 언제 어디에서 태어났는지 속가의 성은 무엇인지 알 수 있는 것이 아무것도 없다. 반면에 숙종이 내렸다는 현판에는 글씨를 쓴 형조 참판 여흥인 이진휴(李震休,1657~1710)의 이름이 또렷이 남아 있어 대조를 이룬다.

다만 준공 후 스님이 심었다는 홍매는 때맞춰 꽃을 피워 사람들에게 많은 사랑을 받고 있어 다행이다. 장육화(丈六花)라고도 하고 꽃이 검붉어 흑매화(黑梅花)라고도 한다.

모란 대신 은행나무를 심다

김영랑과 강진 생가의 은행나무

산야가 초록으로 물들기 시작하는 5월 강진군 김영랑(金永郞, 본명 金允植) 생가를 찾았다. 뜰 안에 모란이 만개해 꽃들이 뿜어 내는 향기가 가득했다. 일 년 열두 달 중 불과 보름 남짓 모란이 피는 것을 감안하면 그날 방문은 뜻밖의 행운이었다. 해설사의 한마디 한마디를 놓치지 않기 위해 귀를 기울였다.

500여 석을 하는 지주의 아들이었다는 것, 평소 클래식 음악 을 좋아했다는 것, 일제 강점기에 창씨개명과 신사참배를 끝까 지 거부했다는 것, 사랑했던 여인이 파란만장한 무용가 최승희 라는 것, 납북은 면했으나 북한군이 쏜 포탄의 파편에 쓰러졌다 는 것, 제헌국회에 출마했다가 낙선한 이야기 등이다.

시인 영랑의 또 다른 삶의 세계를 알 수 있었다. 이런 이야기

김영랑 생가의 사랑채

를 듣기 전에는 문약한 시인쯤으로 알았고 대표작 〈모란이 피기까지는〉 역시 연정시로 사람들이 즐겨 인용하는 시 정도로만 알고 있었다. 또한 지주(地主)라고 하면 소작인들을 괴롭히는 못된 사람들로 생각했지만 영랑의 할아버지와 아버지는 달랐다.

1906년 흉년이 들자 할아버지 김석기(金奭基, 1851~1922)는 작천면민들에게, 1911년 가뭄 때에는 아버지 김종호(1879~1945)가 칠량면민들에게 식량을 나눠주어 주민들이 각기 보정안민비(輔政安民碑)와 영구기념비(永久紀念碑)를 세워 그들을 기려 주었다 소위 가진 자이면서도 가난한 이웃을 외면하지 않는 사람들이었다. 영랑 또한 이런 영향을 받아 그 역시 나라의 독립과 대한민국 건국에 크게 힘썼다.

해설사가 사랑채 앞의 큰 은행나무는 영랑이 아버지와 함께 심은 것이라 했으며 생가는 다른 사람의 손에 넘어간 것을 강진군이 매입해 복원했다고 한다. 그렇다면 이 은행나무는 더욱 고귀하다. 생가 내에서 영랑의 손때가 묻은 살아있는 것으로는 유일한 유품(遺品)이기 때문이다. 설명문을 사진으로 찍었다. 자세히 살펴보니 아버지와 영랑 본인이 심은 것을 이야기한 것인지 영랑 본인과 아들이 함께 심은 것인지 애매했다. 영랑의 일생을 정리한 책 《아버지 그립고야》의 저자이자 셋째 아들인 '영랑현구 문학관' 김현철 관장에게 메일로 확인했더니 해설사의 말이 맞았다.

독립 운동가이자 서정시인인 영랑은 1903년 아버지 김종호와 어머니 김경무 사이에서 5남매 중 장남으로 태어났다. 강진 보통학교를 마치고 서울로 올라가 1917년 휘문의숙에 입학했다. 3학년 때 3·1운동이 일어나 학교를 그만두고 강진으로 내려와 의거를 모의하다가 체포되어 대구형무소에서 6개월 동안 옥고(獄苦)를 치렀다. 1920년 일본으로 건너가 아오야마(青山)학원 중학부를 거쳐 같은 학교 영문학과에서 공부했으나 1923년 관동 대지진으로 귀국했다. 유학 중 독일의 문호 괴테와 영국의 서정시인 키츠 등에 심취했다. 1930년 정지용과 함께 박용철이 주재하던 '시문학' 동인으로 활동했다. 1945년 광복을 맞아 강진에서 대한독립촉성국민회의를 결성하고 대한청년단장을 지냈으며 1948년 제헌국회의원에 출마 낙선했다.

그의 첫 직장이자 마지막 직장은 1949년에 발령받은 대한민국 공보처 초대 출판국장이다. 남들과 달리 두루마기를 입고 출근하고 이승만 대통령의 집무실에 있던 일본 병풍을 치우게 하는 등 새 나라 건설에 의욕을 불태웠으나 상사의 부당한 압력을 받자 취임 7개월 만에 사표를 내고 말았다. 이어 터진 한국전쟁 때 북한군이 쏜 포탄의 파편에 맞아 돌아가시니 1950년 9월 29일 그의 나이 47세였다.

김영랑이 아버지와 함께 심은 은행나무

《조광》 9월호 〈은행나무〉에서 영랑은 '뜰 앞의 은행나무는 우리 부자가 땅을 파고 심은 지 17, 8년인데 한 아름이 되어야만 은행을 볼 줄 알고 기다리지 않고 있었더니 천만이외다. 이 여름에 열매를 맺었소이다. 몸피야 뼘으로 셋하고 반, 그리 크지 않은 나무요, 열매라야 세 알인데 이렇게 기쁠 때가 없었소이다. 의논성이 그리 자자하지 못한 아버지와 아들이라 서로 맞대고 기쁜 체는 않지만, 아버지도 기뻐합니다. 아들도 기뻐합니다.' 라고 나무를 심고 첫 열매가 열리는 것을 보고 그렇게 기뻐했다. 해가 갈수록 주목받으며 작품이 세상에 널리 알려지듯 은행나무 역시 무수한 가지를 뻗어 왕성하게 자라고 있다.

물 흐르는 소리가 옥 부딪히는 소리와 같다

오희도와 담양 명옥헌 배롱나무

예상은 적중했다. 담양 명옥헌 원림(명승 제58호)은 8월 초, 중순에 가야 참모습을 볼 수 있는 곳이다. 88고속도로를 달려서 3시간 만에 닿으니 기대했던 배롱나무꽃이 만발했다. 몇 번 다녀간 곳이기는 했으나 개화시기를 맞추지 못해 번번이 실망했었는데 이번만은 대성공이었다.

이곳은 원래 조선 중기의 문신 명곡(明谷) 오희도(吳希道, 1583~1623)가 은거하며 학문을 닦은 곳이었다. 타고난 자질이 우수해 일찍 서당에 입학하여 세상 살아가는 도리와 예의범절을 깨우치고 16세에 계곡 김복흥(1546~1604)에게 글을 배워 1601년(선조 34)에 사마시에 합격했다. 부친상을 당하자 몸이 쇠약한데도 3년 동안 지성으로 시묘하여 주민 모두가 감탄했다. 1614년(광해

명옥헌 배롱나무

군6)에 진사시에 합격하였으나 벼슬에 나아가지 않고 학문에 정
진하여 주위에 명성이 자자했다.

　1623년(인조 1)에 마침내 대과에 급제, 기주관(記注官)이 되어
민첩하고 정확하게 요점을 잘 정리하여 임금과 동료로부터 칭
송을 들었다. 이어 검열(檢閱)을 제수 받았다. 비록 품계는 낮지
만 왕을 가까운 자리에서 보필하는 직책이기 때문에 신망이 두
터운 관리에게만 주어지는 벼슬이다. 그러나 불행하게도 천연
두에 걸려 그해 41세 때 타계하고 말았다.

　《조선왕조실록》에 '검열 오희도가 천연두를 앓다가 경저(京
邸, 서울에 있는 집)에서 객사하였다. 상이 듣고 관판(棺板, 널)을 지
급하도록 하였다.' 는 기록이 보인다. 도승지에 증직되고 저서

로《명곡유고》가 있다.

그 후 이곳을 오희도의 4남 장계 오이정(吳以井, 1619~1655)이 물려받아 장계정을 짓고 은거하며 학문 연구와 저술에 몰두했다. 오희도는 송강 정철의 아들 정홍명(鄭弘溟, 1592~1650)에게 글을 배워 1639년(인조 17) 진사·사마 양과에 합격했다. 1650년(효종 1) 태학에 들어가 이듬해 정시(庭試)에 응시했으나 요건이 미흡하여 낙방하고 고향으로 돌아와 학문에 전념했다. 아버지가 검열을 지냈고 본인이 진사, 사마 양과에 합격한 사실을 볼 때 뜻밖이라고 할 수 있다.

명옥헌

명곡유적비

　성리학에 조예가 깊었고 기예에도 능해 거문고를 좋아했다. 어머니가 돌아가시자 주자 가례에 따라 장례를 행했다. 1655년 (효종 6) 37세에 요절했으며 저서로 《장계유고》를 남겼다. 장계 공 이후에도 이 원림은 그의 후손들에 의해 경영되었다. 우암 송시열이 아끼는 제자 오기석(吳棋錫, 1651~1702)을 찾아와 명옥 헌(鳴玉軒)이라는 이름을 지어주었다고 한다. 명옥헌은 '시냇물 이 흘러 한 연못을 채우고 다시 그 물이 아래 연못으로 흘러가 는 소리가 옥이 부딪히는 것만 같다.' 는 뜻이다.

　이어 오기석의 손자 오대경(吳大經, 1689~1761)이 못을 파고 소나무와 배롱나무(백일홍 또는 자미화라고도 함)를 심었다. 못은 네모지게 파고, 가운데 둥근 섬을 두어 천원 지방의 전통조경 사상을 담아 꾸몄다. 명옥헌은 첫 주인 오희도로부터 오대경에 이르기까지 140여 년 동안 남도의 명소가 되었다. 그러나 이 소중한 문화재 역시 당국의 설명문과 현지에 세워둔 안내판의 내용이 달라 혼란스럽다.

담양군청의 자료에는 명옥헌은 오이정이 지었고, 문화재청의 자료에는 배롱나무도 오이정이 심었다고 했으나 현지 안내판에는 오대경이 정자를 짓고 나무를 심었다. 정확하고 이해하기 쉽게 정리할 필요가 있다.

이곳에서 보아야할 또 하나 볼거리는 마을 안에 있는 은행나무(전라남도 기념물 제45호)다. 인조가 반정을 일으키기 전에 지지세력을 모으기 위해 재야의 선비, 명곡 오희도를 찾았다. 그때 타고 온 말을 이 은행나무에 매어 놓았다. 그러나 명곡은 노모를 모신다며 거절했다. 이후 인조가 말을 맨 나무라고 하여 맬 계(繫), 말 마(馬), 은행나무 행(杏)자를 써서 계마행(繫馬杏)이라고도 한다.

명옥헌은 정면 3칸 측면 2칸의 아담한 규모로 가운데 방을 두고 ㅁ자 마루를 놓은 호남지방 정자의 전형적인 모습을 가지고 있다.

자손의 건강과 번영을 위해 나무를 심다

달성 배씨의 혼이 깃든 무안 청천리 줄나무

전라남도 무안군 청천리는 좀 특별한 곳이다. 달성군(達城君)으로 작위를 받은 배운룡을 시조로 하는 달성 배씨 증암(甑巖) 배회(裵繪)가 5세기 전에 뿌리를 내린 곳이기 때문이다. 배회는 세조가 어린 단종을 몰아내고 왕위를 빼앗자 벼슬을 버리고 생육신 남효은, 이맹전 등과 교류하다가 고향을 떠나 한반도의 서쪽 끝자락 전남 무안으로 이거했다. 배회는 이곳을 살기 좋은 곳으로 만들기 위해 나무를 심고 가꾸어 오늘날 천연기념물로 지정되었다.

혁명을 성공시키기 위해서는 배 씨(裵氏)가 동참해야 해야 한다는 속설이 있다. 고려 태조 왕건이 마군 장군 배현경(874~936)의 적극적인 도움에 힘입어 궁예를 몰아내는 데 성공하여 고려

마을을 개척한 배회가 바람을 막기 위해 심었다는 무안 줄나무

를 건국했고, 이성계가 배극렴(1325~1392)을 참여시켜 조선을 건
국한 것도 그런 맥락이다.

이런 상념에 잠기며 오다가 보니 어느덧 무안읍, 비가 내리기
시작했다. 낯선 곳인데 비까지 오니 당황스러웠다. 다행히 택시
를 이용해 숲까지 갔다. 기사가 내려준 숲 입구의 안내판을 보
니 '무안 청천리의 팽나무와 개서어나무의 줄나무' (천연기념물 제
82호)가 맞았다. 오석에 새겨진 마을 유래비에는 다음과 같이 쓰
여 있었다.

'본 마을은 산세가 수려하며 흐르는 시냇물이 맑다 하여 청천리라 하였으며 서기 1456년 세조 2년 단종 복위가 되지 않자 벼슬을 버리고 증(시루 증(甑)자) 암(바위 암(巖)자) 배회 선조께서 경북 칠곡에서 이곳에서 터를 잡고 배 씨 단일 씨족 부락으로 약 100여 호가 살고 있으며 현재 40대 손까지 이어 내려왔고 서기 1683년 청천사우를 건립, 후진 양성을 하였으며 서기 1800년 효자각, 초심각을 세우고 서기 1894년 동학난 접주 배상옥 씨의 고향이자 이곳에서 국회의원, 군수 등 각지에 저명한 인사를 배출하였고 특히, 천연기념물 제82호 느티나무, 팽나무는 500

청천마을 유래비

년을 자랑하는 거수목이며 선조께서 바다에서 불어오는 서풍을 막고 자손의 건강과 번영을 위해 식수하시고 300년을 자랑하는 소나무는 선조 묘소의 풍치를 과시하며 살기 좋은 모범 부락이다.'

즉, 이곳은 물이 맑고 아름다운 고장이며 배회가 1456년(세조 2)에 세조의 왕위찬탈에 맞서 벼슬을 버리고 경상도 칠곡(오늘날 대구광역시 북구 읍내동 일원)에서 서해안이 인접한 머나먼 이곳에 정착하여 40대까지 이어가고 있다. 그리고 청천사를 지어 조선(祖先)을 기리고 후손들에게 공부를 시켰으며, 무안 지방에서 활약하던 동학 접주 배상옥과 국회의원 등 저명한 인사를 많이 배출하여 명문가로 자리를 굳혔다.

이 줄나무는 입향조가 터를 잡으며 서해에서 불어오는 바람을 막아 후손들이 건강하고 농사를 잘 짓도록 심었다는 것을 알 수 있다. 마을 안에 있는 1683년(숙종 9)에 건립되었다가 훼철되고 그 후 1904년(고종 41) 옛터에 복원된 무열공 배현경(裵玄慶), 율헌 배언(裵彦, 일명 균均), 필암 배극렴(裵克廉), 증암 배회(裵繪), 희암 배명(裵冀) 동학농민전쟁의 주역 배상옥(裵相玉) 여섯 분의 충절을 기리는 청천사(清川祠)를 보려고 하였으나 비가 더 거세지고 바람까지 사나워져 포기하고 말았다.

배회가 심은 줄나무는 국도 제2호선을 따라 마을 입구에 일(一)자로 열을 지어 서 있으며 팽나무 66그루, 개서어나무 20그루, 느티나무 세 그루로 구성되어있다고 한다. 줄나무라고 한 것은 나무 이름이 아니라, 한 줄로 심었다는 뜻이다.

그러나 줄의 가운데 부분에 가게를 지으면서 훼손한 것 같다. 오래된 나무이자 마을을 개척한 선조가 낯선 이곳에 정착하면서 자손만대에 걸쳐 복을 누리기를 염원하며 심었고 후손들의 역시 입향조의 뜻을 받들어 오늘날 호남의 명문가로 자리를 굳혔다.

이런 점에서 이 나무는 평범한 나무가 아니라, 무안에 사는 달성 배씨들의 역사와 전통, 혼이 담긴 나무라고 할 수 있다, 아끼고 보듬어 또다시 오백 년, 천 년을 이어가도록 보전하는 일은 후손들의 책무이다.

아름드리 나무도 사뿐히 내리는 눈에 꺾인다

법정스님과 송광사 불일암의 일본 목련

가난하고 소외된 사람들에게 희망과 용기를 주었던 법정(法頂)스님의 입적(入寂)은 나라 안팎으로 많은 사람을 슬프게 했다. 하나라도 더 가지려고 부정과 비리, 위장전입과 땅 투기가 난무하는 세상에 철저하게 무소유(無所有)로 사시다 돌아가셨기 때문이다. 특히, 스님은 마지막 가는 길에 나무 관(棺) 하나 만드는 것조차 거부했다. 대표작이라고 할 수 있는 《무소유》를 읽고 큰 감명을 받았다.

'많이 갖고 있다는 것이 자랑거리로 되어 있지만 그만큼 많이 얽혀 있다는 측면도 동시에 가지고 있다.' 라고 하면서 난 키우기를 예로 든 구절과 〈설해목〉에서 '모진 비바람에도 끄덕

법정스님이 심고 유해가 묻힌 일본 목련

스님의 체취가 서려 있는 불일암

않던 아름드리나무들이 가지 끝에 사뿐사뿐 내려 쌓이는 그 하얀 눈에 꺾이고 마는 것이다. 깊은 밤 이 골짝 저 골짝에서 나무들이 꺾이는 소리가 메아리로 울려올 때 우리는 잠을 이룰 수 없다. 정정한 나무들이 부드러운 것에 꺾이는 그 의미 때문일까. 산은 한겨울이 지나면 앓고 난 얼굴처럼 수척하다.' 라는 구절에서 많은 것을 가져야 행복하고 강해야만 살아남을 수 있다고 믿었던 생각을 바꿔주었기 때문이다.

송광사 산내 암자인 불일암(佛日庵)은 스님이 오래 거처한 곳이기도 하지만 육신이 잠들고 있는 곳이기도 하다. 2010년 4월 28일 49재를 마친 스님의 유해는 손수 심은 일본 목련나무 밑에 안장되었다.

스님은 1932년 일제 강점기 전남 해남에서 태어났다. 23살이되던 1954년 통영 미래사에서 효봉 선사를 은사로 출가했다. 1959년 해인사 강원 대교과를 졸업하고 이후 지리산, 쌍계사와 조계산 송광사 등에서 수행했다.

1972년 첫 저서 《영혼의 모음》을 출간하고 이듬해 불교신문사 논설위원, 주필, '씨알의 소리' 편집위원, 민주수호 국민협의회와 유신철폐 개헌서명운동 등 현실정치에도 참여했다. 1976년 대표작 《무소유》를 출간했다. 그 후 송광사 수련원장,

보조사상 연구원장을 거쳐 강원도 산골 오두막으로 가서 홀로 정진하기도 했으며 1993년 프랑스 최초 한국사찰 길상사를 파리에 창건하고 이듬해에는 '맑고 향기롭게 살아가기 운동'을 창립하여 서울, 부산 등에서 본격으로 대중을 상대로 법문을 펼쳤다. 1995년 김영한으로부터 대원각을 시주로 받아 조계종 말사로 등록하였으며 1998년 명동성당 100돌 기념 초청 강연을 하는 등 다른 종교에 대해서도 편협하지 않았다. 2010년 3월 11일 세상을 떠나니 법랍 55세, 세수 78세였다.

《무소유》,《서 있는 사람들》,《산방한담》,《물소리 바람소리》,《텅 빈 충만》,《버리고 떠나기》,《새들이 떠나간 숲은 적막하다》등 많은 저서를 남겼다.

순천에서 송광사 가는 대중교통은 시내버스로 1시간 정도 소요된다. 매표소를 지나 한참 올라가다가 개울을 건너기 전 왼쪽으로 접어들면 불일암 가는 길이다. 처음에는 잡목이, 다음에는 편백나무와 삼나무가 우거졌다가 곧 이어 왕대, 마지막은 이대 숲길이다.

원래 자정암(慈靜庵)이었으나 스님이 새로 꾸미고 불일암(佛日庵)로 바꾼 것이라고 한다. 불일은 고려 시대 불교 개혁의 중심에 섰던 보조국사의 시호인 만큼 스님이 마음의 스승으로 삼고자 했던 것을 알 수 있다. 송광사가 승보사찰로 자리매김한 것은 보조국사 이후 16국사가 배출된데 따른 것이다.

암자는 정갈하고 찾아오는 사람도 많았다. 유해가 묻힌 나무는 생각보다 컸다. 이외에도 경내에는 태산목, 굴거리나무, 벽오동, 산수유, 편백나무, 꽝꽝나무 등 스님이 손수 심고 가꾼 나무들이 많았다. 언론에서 유해가 묻힌 나무를 두고 '후박(厚朴)나무'라고 했으나 실제로는 '일본 목련(日本木蓮)'이었다. 일본 목련은 목련과의 일본 원산으로 겨울에 잎이 떨어지는 낙엽수인데 반해 후박나무는 제주도 등 섬 지방이나 전라도, 경상도 남해안에 주로 자라는 겨울에 잎이 떨어지지 않는 녹나무과의 늘 푸른 큰키나무다. 울릉도에는 후박나무가 많아 군목(郡木)으로 지정해 보호하고 있다.

특히, 울릉도의 명물 '호박엿'을 두고 원래 후박나무로 만들었는데 발음이 변해 호박엿이 되었다고 하는 설과 애초부터 호박으로 만들어 호박엿이 되었다고 하는 두 설에 대한 논쟁은 현지에서도 아직 가려지지 않을 만큼 치열하다.

뽕나무를 휘감고 하늘로 올라가다

서재필 박사와 보성 가천리 뽕나무

　대구가 본향인 대구 서씨는 본관지를 떠나 주로 서울에서 활동했고, 정치적으로는 서인(西人) 편에 섰던 집안으로 3대 정승과 3대 대제학을 연이어 배출해 진기록을 보유한 명문이다. 서종태(徐宗泰) 영의정, 서명균(徐命均) 좌의정, 서지수(徐志修) 영의정 등 3대에 걸쳐 정승이 배출되고 서유신(徐有臣)·서영보(徐榮輔)·서기순(徐箕淳) 등 3대가 대제학을 연임했다.

　송재 서재필(1864~1951) 박사도 역시 대구 서씨다. 그런 서재필이 남도에서 태어나고 그를 기리는 기념공원이 녹차의 고장 보성에 있다는 사실이 흥미로웠다. 단풍이 절정으로 치닫는 초가을, 일행과 더불어 보성을 찾아 '서재필기념공원'을 둘러보고 문덕면 가천리 가내마을로 향했다. 길가에 안내판이 없어 공원

소장에게 자세히 묻지 않았다면 놓칠 뻔했다. 마을 역시 여느 시골과 다름없었다. 생가는 맨 안쪽, 넓은 공간에 사랑채와 안채, 별채 등이 짜임새 있게 배치되어 있었다. 이곳은 이조참판을 지낸 외증조부 이유원(李有源)이 살던 곳이다. 외조부 이기대는 3천 권의 장서를 보유한 학자로 많은 제자를 양성하고 아들 이지용, 손자 이교문, 증손자 이일과 더불어 4대의 문집 《가천세고》를 남겼다.

송재(松齋)는 1864년(고종 1) 서광효(徐光孝)의 둘째 아들로 이곳에서 태어났다. 7살 때까지 보성에서 자라다가 충청도 진잠현(鎭岑縣, 현 대전시 유성구)의 7촌 아저씨 서광하(徐光夏)의 양자가 되었다. 이후 서울로 올라가 이조판서를 지낸 외삼촌인 김성근(金聲根)의 집에서 한학을 수학하고, 대과에 급제하여 교서관의 부정자에 임명되었다. 갑신정변에 참가해 병조참판에 임명되었으나 삼일천하로 실패하자 일본으로, 4개월 뒤 다시 미국으로 망명했다. 이때 가족은 역적으로 몰려 부모·형·아내는 음독자살하고, 동생 재창은 참형되었으며, 두 살 된 아들은 굶어 죽었다고 한다.

고학으로 조지워싱턴대학교에 수학하여 모교의 병리학 강사가 되고 미국철도 우편사업의 창설자 암스트롱의 딸과 결혼하였다. 갑오경장으로 역적의 죄명이 벗겨져 귀국하여 1896년 중

노랗게 물든 뽕나무

추원 고문에 임명되었다.

1896년 우리나라 최초의 민간신문 〈독립신문〉을 창간하고, 독립협회를 조직하여 고문이 되었으며 이듬해 영은문 자리에 독립문을 건립하였다. 이후 3·1운동이 일어나자 전 재산을 내놓고 독립운동에 투신했다. 상해임시정부의 구미위원회 위원장의 자격으로 필라델피아에 구미위원회 사무실을 설치하고 영자 독립신문 〈인디펜던트〉를 간행하여 독립을 위한 언론 활동과 외교 활동에 온 정력을 쏟았다. 재산을 독립운동에 다 소진하여 더 이상의 활동이 어렵게 되자, 다시 펜실베이니아대학

서재필 박사의 생가

의 강사로 나가는 한편, 여러 병원의 고용 의사가 되기도 했다.
광복이 되자 미군정 장관 하지(Hodge,G.R.)의 요청을 받아 1947
년 미군정청 최고 정무관이 되어 귀국하였다. 그러나 대한민국
정부수립이 선포되고 미군정이 종식되자 다시 미국으로 돌아
가 1951년 그곳에서 돌아가셨다. 1977년에 대한민국장에 추서
되었다.

　송재의 출생에는 재미있는 일화가 있다. 어머니 성주 이씨가
어느 날, 큰 황룡(黃龍)이 초당 옆 바위 사이에 있던 뽕나무를 휘

감고 하늘로 올라가는 꿈을 꾸었다. 태몽임을 직감한 어머니는 그 뽕나무 잎을 전부 따서 갈아 마시고 먼 곳에 있던 남편을 오도록 하여 그날 밤 잉태했다고 한다. 송재가 태어나던 그날 공교롭게도 남편 역시 급제하니 집안에 겹경사가 있다 하여 처음 이름은 쌍경(雙慶)이었다고 한다.

현재 송재가 태어난 초당에는 뽕나무가 자라고 있다. 당초 것은 6·25 때 불에 타 죽고 2003년 새로 심은 것이다. 노랗게 단풍이 들어 찾아간 나그네를 즐겁게 해 주었다. 뽕나무 단풍이 아름답다는 걸 새삼 알게 되었다. 격동의 시대에 온몸으로 조국의 자주독립을 위해 몸부림쳤던 선생의 일생에 비하면 생가나 공원은 너무 조용했다.

담양 소쇄원의 일본 철쭉

남도 담양의 소쇄원(명승 제40호)은 우리나라 최고의 민간 정원이다. 이름 소쇄(瀟灑)는 '상쾌하고 맑고 깨끗하다.' 뜻이다. 이는 정자의 주인 양산보(梁山甫)의 아호이기도 하다. 현재 개방된 공간은 4,399㎡(1,331평)로 그리 크지 않다. 그런데도 우리나라 최고의 원림으로 자리매김한 것은 자연과 인공을 조화롭게 이용한 별서정원이자 지역 사림의 문화와 사교 공간으로 활용되었기 때문이다.

소쇄공은 본관이 제주로 1503년(연산군 9) 중종 초 종부시 주부(主簿, 종6품)를 지낸 아버지 창암(蒼巖) 양사원(梁泗源)과 어머니 신평 송씨 사이에 장남으로 태어났다. 15세 되던 해 아버지가 서울의 조광조(1482~1519)에게 데리고 가서 그 문하에 들게 하였

당시에는 매우 귀했을 일본 철쭉

다. 이때 선비가 지녀야 할 도학 사상과 절의 정신을 배웠다.
1519년(중종 14)에 시행한 현량과(賢良科)에 추천되었으나 나이가
어려 급제에는 이르지 못하고 기묘사화로 스승인 조광조가 이
웃 능주로 유배되자 그를 따라 다시 고향으로 돌아왔다. 그해
12월 스승인 조광조가 사약을 받고 세상을 뜨자 큰 충격을 받
고 자연에 숨어 살기를 결심하고 창암촌 지금의 자리에 소쇄원
을 꾸몄다.

'비 갠 뒤 하늘의 상쾌한 달'이라는 뜻의 중심건물인 제월당

제월당

(霽月堂)을 지어 그곳에 거처하며 조용히 독서를 하였다. 이어 손님을 맞이하는 공간으로 광풍각(光風閣)을 지었다. 광풍은 '비 갠 뒤 해가 뜨며 부는 청량한 바람'이라는 뜻이다. 1530년 경에 시작하여 1542년경 양산보가 40세가 되던 해 완성되었다고 한다. 그러나 애써 만든 소쇄원에서의 생활은 불과 15년 정도에 지나지 않았다. 1557년(명종 12) 3월 55세의 일기로 세상을 떠났다.

후손들에게 '어느 언덕이나 골짜기를 막론하고 나의 발길이 미치지 않은 곳이 없으니 이 동산을 남에게 팔거나 양도하지 말고 어리석은 후손에게 물려주지 말 것이며, 후손 어느 한 사람의 소유가 되지 않도록 하라' 는 유훈을 남겼다. 정유재란 때 왜적들에 의해 소실된 것을 손자 양천운이 중건하고, 5대손 양경지에 의해 마무리되어 오늘의 모습을 유지하고 있으나 고암정사 등 일부 시설은 아직도 복구되지 못하고 있다.

5세기 가까운 오랜 세월이 흘렀는데도 소쇄원의 모습을 생생하게 알 수 있는 것은 1548년(명종 3)에 지은 하서 김인후(金麟厚)의 《소쇄원 48영》과 1574년(선조 7) 제봉 고경명의 《유서석록 (遊瑞石錄)》, 1755년(영조 31)에 제작된 〈소쇄원도〉가 남아 있기 때문이다. 김덕진 《소쇄원 사람들, 2007》에 의하면 단풍나무 등 목본류 14종과 창포 등 초본류 15종 등 모두 29종의 식물이 심어져 있음을 확인했다. 또한, 이곳에서 키우던 나무를 선물한 미담도 전해오는데 하서 김인후에게는 일본 철쭉을, 송강 정철에게는 대나무를 선물했는데 송강은 이 대나무로 지팡이를 만들어 우계 성혼에게 주었다.

원내에서 가장 관심을 끄는 나무는 일본 철쭉이다. 이 나무는 1441년(세종 23) 일본이 조선에 진상한 것으로 세종이 상림원(上林園, 조선 초기 궁중정원 관리부서)에 맡겨 놓고 일반인에게는 공개하지 않았는데 세종의 처조카인 인재 강희안 (《양화소록》의 저자)이 몇 그루 얻어 그가 친한 사람들에게 나누어 주었다는 기록이 있다.

인재는 세종 때 인물이고, 소쇄공은 중중 때 인물인 것을 고려한다면 입수 경위가 더욱 궁금해진다. 그러나 경위가 어찌되었던 그 귀한 것이 소쇄원에 심어져 있다. 현재 제월당 오른쪽 화계(花階) 위의 일본 철쭉은 그때 심은 것이다. 꽃은 짙은 분홍빛으로 오늘날 조경용으로 심어지는 영산홍과 비슷하고 5월 초순에 개화한다. 소쇄원은 호남의 유력 인사들이 시국을 논하고, 풍류를 즐기며, 시문을 짓고, 우의를 다진 곳이다.

하서 김인후, 송강 정철, 석천 임억령, 면암정 송순, 고봉 기대승, 서하당 김성원, 옥봉 백광훈, 제봉 고경명 등 호남 사림을 대표하는 지식인이 그들이다.

노도와 같이 밀려오는 왜구를 막다

변협과 해남군청의 수성송

땅끝 마을이 있는 곳으로 잘 알려진 해남은 기후가 온난하고 삼면이 바다로 싸여 해산물이 풍부할 뿐만 아니라, 간척지로 조성한 넓은 평야가 있어 사람 살기에 좋은 곳이다. 그러나 이런 풍요로운 시대가 열리기까지는 오랜 세월이 걸렸다. 적어도 16세기만 하더라도 잦은 왜구의 약탈로 피해가 심각했다. 특히, 임진왜란 37년 전인 1555년(명종 10) 5월 왜구들이 선박 60여 척을 앞세우고 전라남도 남해안 쪽을 침범하여 영암성, 장흥성, 강진성 등을 함락하고 노략질과 약탈을 감행했던 소위 을묘왜변(乙卯倭變)의 피해가 더욱 심각했다.

《조선왕조실록》은 당시의 상황을 다음과 기록했다.

수성송

'국조 이래로 태평한 지 수백 년이 되어도 백성들이 전쟁을 모르다가 갑자기 달량(達梁, 해남군 북평면) 왜변이 생겼으므로 각 고을을 지키는 장수들이 풍문만 듣고 도망하여 무너지니 적들의 기세가 날로 치열해지므로 중외가 크게 진동하였다. 이때 해남성은 현감 변협(邊協)에 힘입어 수비하고 때때로 나가 분산(分散)하여 도적질하는 적들을 잡았으므로 이로 인해 함락되지 않았다.'

　이 글을 통해 알 수 있는 것은 백성의 생명과 재산을 지켜주어야 할 관료들의 태도이다. 조정에서 파견한 명망이 높은 병조판서는 물론 관찰사, 방어사 등이 모두 적과 싸워보지도 않고 피해 다니기에 급급했다. 그러나 그중에도 참다운 공직자가 있었으니 성을 굳게 지켜 고을 사람들을 보호한 현감 변협(1526~1590)이다. 그 공로로 장흥 부사로 승진하여 임지로 떠나면서 동헌에 한 그루의 곰솔을 심었다. 노도와 같이 밀려오는 왜구를 막은 남다른 감회이거나 아니면 승진에 대한 기쁨의 증표였을까 이때가 변협의 나이는 혈기왕성한 27세였다. 변협이 심은 나무는 현재 해남군청 뜰에 우뚝 서서 왕성하게 자라고 있다.

　본관은 원주(原州) 호는 남호(南湖)이며 아버지는 중추부 경력 계윤(季胤)이며, 어머니는 참판 최자반(崔子泮)의 딸이다. 어려서

수성송 표지석

부터 재주와 용맹이 뛰어났다. 1548년 무과에 급제하고 선전관
을 거쳐, 1555년(명종 10)에 해남 현감이 되었다. 이때 을묘왜변
(乙卯倭變)이 일어나 왜선 60여 척이 전라도에 침범, 병사 원적(元
績), 장흥부사 한온(韓蘊)을 죽이고, 영암 군수 이덕견(李德堅)을
생포했다. 연달아 난포·마도·장흥부 병영·강진현·가리포를
함락하고 해남으로 침입했는데, 변협은 이를 격퇴한 공으로 장
흥 부사가 되었다. 또, 이때 왜적의 포로가 되었던 명나라 사람
들을 본국으로 돌려보내 명나라로부터 은과 비단을 상으로 받
았다. 1563년(명종 18) 만포 첨사를 지낸 뒤, 이듬해 제주 목사가

되었는데 1565년(명종20) 문정왕후가 죽고 보우가 제주도에 귀양 오자 조정의 명에 따라 그를 참살하였다. 1587년(선조 20) 전라우방어사가 되어 녹도·가리포의 왜구를 격퇴했으며, 그 뒤 공조판서 겸 도총관과 포도대장을 역임하였다. 일찍이 파주목사로 재직할 때 율곡 이이로부터 〈주역계몽(周易啓蒙)〉을 강론받았으며, 천문·지리·산수에도 정통했다. 변방 10여 군현을 순시해 산천 도로의 형세를 조사하고 도표로 만들어 적침에 대비하였다. 또, 천문을 관측해 변란을 예측하기도 했는데, 그가 죽은 지 2년 뒤에 임진왜란이 일어났다.

신립이 군사를 이끌고 문경새재로 떠날 때 적을 가볍게 여기는 것을 본 선조가 변협을 양장(良將)이라 칭찬하며, 그가 없음을 아쉬워하였다. 좌의정에 추증되었으며, 시호는 양정(襄靖)이다.

나무는 도감(圖鑑)으로 보는 것보다 훨씬 더 웅장했다. 장소 역시 해남군청이라 은근히 놀랐다. 500여 년 전 동헌(東軒)이 있던 곳이 지금도 군청이 자리 잡고 있으니 시대를 초월해 주민들에게 봉사하는 터라는 생각이 들었기 때문이다. 수종은 곰솔(海松, 천연기념물 제430호)이나 안내 비석에는 '수성송(守城松)'이라 하여 변(邊) 현감이 성을 사수한 것을 기념해서 심은 것임을 분명히 밝혔다. 수피(樹皮)는 귀갑문(龜甲紋)으로 곰솔의 특징을 아주 잘 나타내고 있다.

부족한 지기를 보완하기 위해 나무를 심다

도선국사와 광양 옥룡사 동백나무 숲

광양(光陽)은 그리 낯선 곳이 아니다. 30여 년 전 식량 증산이 정부의 가장 큰 정책이었던 시절, 쌀 증산을 위해 대일(對日)청구권자금 중에서 일부를 관정(管井)을 파고 양수기(揚水機)를 도입해 각 시·군에 보관시켰다가 필요한 농민들에게 대여해 주는 제도가 있었다. 정부에서는 이 시설이 완벽하게 관리되고 있는지를 확인하는 감사를 했는데 그때 감사관으로 일주일 정도 묵은 일이 있기 때문이다.

그 후 몇 년이 지난 후 풍수지리설의 비조(鼻祖), 도선국사가 생애 마지막 35년을 옥룡사에 머물렀는데 그곳이 폐사가 되었다는 기록을 접하고 다시 가보기도 했다. 왕부터 서민까지 묘터 잡기에 영향을 미치고 있어 도선국사가 살던 곳이 도대체 어

도선국사가 비보림으로 조성했다는 옥룡사지 동백나무 숲

떤 곳인지 궁금했고 부족한 지기(地氣)를 보완하기 위해 심었다
는 동백나무 숲을 보기 위해서였다. 출발할 때 비가 내리고 있
어 다음 기회로 미루려고 하다가 버스를 탔다. 2시간 30분 만에
터미널에 도착했다. 광양농협 앞에서 추산행 시내버스를 탔으
나 기사가 옥룡사지의 위치를 몰랐다. 고승의 수도처이자 천연
기념물(제489호)로 지정된 동백나무 숲이 있는 지역의 명소를 시
내버스 기사가 모른다는 점이 아쉬웠다. 다행히 그 마을에 산다
는 어르신이 있어 따라 내렸다. 예전처럼 동백꽃이 많이 피지
않는다고 했다. 머릿기름이나 식용으로 사용하기 위해 열매를

옥룡사지

두드려 딸 때 가지가 많이 꺾여야 꽃이 많이 피는데 지금은 열
매 따는 사람이 없어 그렇다고 했다.

그분과 헤어지고 가파른 길을 오르니 울창한 동백나무 숲이
전개되었다. 제철을 맞았는데도 생각처럼 꽃이 많이 피지 않은
점은 그분의 설명으로 이미 알고 있었지만 아쉬웠다.

사진을 몇 장 찍으려고 카메라 셔터를 누르니 이게 웬일인가?
작동이 되지 않았다. 자주 오기 힘든 먼 길을 와서 이런 일이 벌
어지다니 참으로 난감했다. 몇 번 더 눌러보다가 포기하고 위로
향했다. 그런데 20여 년 전에 왔을 때는 옥룡사라는 편액을 건

옥룡사지 동백꽃

절집이 한 동(棟) 있었는데 일대는 깡그리 밀리고 사적지(제407호)라는 안내판만 한복판에 서 있었다.

광양시가 사적(史蹟)으로 지정한 것 같으나 터만 보존할 것이 아니라 절을 복원할 필요가 있다는 생각이 들었다. 한국 불교계를 대표하는 조계종이 종단 차원에서 하든지 스님이 창건했다는 서울의 도선사를 비롯해 전국의 수많은 사찰이 십시일반 모아 추진할 수도 있을 것이다. 모금에는 스님의 이름을 팔아 돈을 챙기고 있는 지관들도 동참해야 할 것이다.

카메라가 작동 되지 않아 난감했는데 참으로 다행스럽게도 가족끼리 온 분이 있어 사정을 이야기했더니 몇 장 찍어 메일로 보내주었다. 이름도 모르는 그분에게 지면으로나마 감사드린다.

도선국사는 속성은 김 씨로 827년(흥덕왕 2) 전남 영암에서 태어났다. 14세에 출가해 화엄사에서 승려가 되고 846년(문성왕 8) 곡성의 태안사에서 신라 구산선문의 한 파인 동리산문의 개산조(開山祖), 혜철(惠徹 또는 晢) 스님의 법문을 듣고 불교의 오묘한 이치를 깨달아 제자가 된 분이다.

운봉산, 태백산 등을 돌아다니며 구도 하다가 864년(경문왕 4) 이곳 백계산으로 들어와 옥룡사를 창건하였다. 절터는 원래 큰

못으로 아홉 마리의 용이 살았는데 스님이 불력으로 모두 쫓아 냈다고 전해진다. 그 즈음 주변 마을에 눈병이 돌고 숯을 한 섬씩 지고 와서 못을 메우면 눈병이 낫자 모두 그렇게 해 절을 지을 수 있었다. 또한, 서쪽 부분이 허하여 동백나무를 심어 이를 보완하였다고 한다. 스님이 세상에 널리 알려진 것은 고려를 건국한 태조 왕건의 탄생을 예언했기 때문이다. 따라서 이때부터 스님은 예언가 내지 풍수지리가로 알려졌다. 스님은 태조 이후 고려왕들에게도 극진히 존경을 받았는데 인종이 국사로 추증한 것도 그중 하나이다. 898년(효공왕 2년) 71세로 입적했다.

《도선비기》, 《송악명당기》, 《도선답산가》 등이 스님의 저서로 알려졌으나 이름만 빌린 가짜라는 설도 있다. 스님이 돌아가신 지 일천 년이 지났지만, 아직도 우리 사회에는 풍수지리설이 큰 영향력을 미치고 있다. 일부 지관들은 스님의 이름을 팔아 명당 장사로 거금을 챙기고 있다.

스님은 광대한 중국과 달리 좁은 우리 국토에는 명당이 그리 많을 수 없으며 그것이 집터이건 묘 터이건 결함이 있으면 보완해서 사용하면 명당이 될 수 있다고 했다. 오늘날 폐허로 남은 옥룡사지가 천하에 명당이 없다는 것을 뒷받침하고 있다.

물바가지에 버들잎을 띄워 왕후가 되다

장화왕후와 나주 완사천 수양버들

전라남도 나주에 있는 완사천(전라남도 기념물 제93호)은 고려 태
조 왕건과 관련된 유적이다. 그는 903~914년 약 10년 동안 태봉
국 궁예 휘하의 장수로 이곳에서 견훤과 싸웠다. 완사천의 전설
은 이때의 이야기이다.

'왕건이 이곳에 와서 목포(지금의 나주역 뒤쪽)에 배를 정박시키
고 물 위를 바라보니 오색구름이 서려 있어 가보니 샘가에 아리
따운 처녀가 빨래를 하고 있었다.

목이 말라 한 모금의 물을 청하자 처녀는 바가지에 떠서 버들
잎을 띄워 건넸다. 까닭을 물으니 급히 마시면 체할까 하여 천
천히 마시도록 한 것이라고 했다.

완사천의 수양버들

이에 왕건은 처녀의 총명함과 미모에 끌려 아내로 맞이하였
으니 훗날 장화왕후이다. 그 후에 일대를 흥룡동이라 하였고 샘
이름을 완사천(浣紗泉)이라 부르게 되었다'

이상이 나주 지방에 전해 오는 장화왕후의 전설이다. 그러나
《고려사》〈후비전(后妃傳)〉을 보면 전설과 좀 다른 점이 있다.

'장화왕후 오 씨는 나주 사람이다. 조부는 오부돈이고, 부친은 다
련군이니 대대로 나주의 목포에서 살았다. 다련군은 사간(沙干) 연위

의 딸, 덕교에 장가들어 후(后)를 낳았다. 일찍이 후의 꿈에 포구에서 용이 와 뱃속으로 들어감으로 놀라 꿈을 깨고 꿈을 부모에게 이야기 하니 부모도 기이하게 여겼다. 얼마 후에 태조가 수군 장군으로 나주에 와서 배를 목포에 정박시키고 시냇물 위를 바라보니 오색구름이 떠 있었다. 가서 보니 후가 빨래를 하고 있으므로 태조가 그를 불러서 이성 관계를 맺었는데 그의 가문이 가난하고 변변치 못한 탓으로 임신시키지 않으려고 피임 방법을 취하여 정액을 자리에 배설하였다. 왕후는 그것을 즉시 흡수하였으므로 드디어 임신이 되어 아들

을 낳았는데 그가 혜종(惠宗)이다.

그런데 그의 얼굴에 자리 무늬가 있다 하여 세상에서는 혜종을 '주름살 임금'이라고 불렀다. 항상 잠자리에 물을 부어 두었으며 또 큰 병에 물을 담아두고 팔을 씻으며 놀기를 즐겼다고 하니 참으로 용(龍)의 아들이었다. 나이 일곱 살이 되자 태조는 그가 왕위를 계승할 덕성을 가졌음을 알았으나 어머니의 출신이 미천해서 왕위를 계승하지 못할까 염려하고 낡은 옷상자에 황포(왕이 입는 옷)를 덮어 후에게 주었다. 왕후는 이것을 대광(大匡) 박술희에게 보였더니 박술희는 태조의 의도를 알아차리고 왕위 계승자로서 정할 것을 청하였다.'

라고 기술하고 있다.

이 다른 두 가지 이야기 중에서 비록 역사서의 기록은 아니지만, 전자 이야기에 더 정감이 간다. 왜냐하면, 버드나무로 인해 한 이름 없는 소녀가 일약 왕후로 신분 상승하는 이변이 있었을 뿐만 아니라, 전설의 무대인 그 샘터가 지금까지 보전되어 오고 있기 때문이다. 또한, 장화왕후의 또 다른 면, 그녀는 단지 총명하기만 했던 처녀가 아니라 누구보다 더 적극적인 삶을 산 여인이라는 점이다.

먼 길을 마다하지 않고 완사천을 찾았다. 이 유적에 특별히 관심이 있는 이유는 버드나무 때문이다. 버드나무에는 가지가 늘어지는 수양버들이나, 용버들이 있는가 하면 가지가 하늘로 치솟는 왕버들, 키버들 등 수십 종이 있는데 왕후를 탄생시키는 데 결정적 역할을 했던 버드나무는 과연 이들 중 어느 것인지가 궁금했기 때문이다.

늦은 점심시간 나주에 닿았다. 친절한 주인과 정성으로 마련한 푸짐한 반찬으로 점심을 먹은 것까지는 좋았다. 택시를 불러 목적지로 향했다. 그러나 장소를 몰라 배회하기를 두 번이나 한 끝에 겨우 완사천을 찾았다. 처음 눈에 들어온 나무는 왕버들이었다. '어 왕버들인가?' 했는데 샘 가까이 가보니 수양버들이 가지를 늘어뜨리고 있어 예상이 적중했다. 늘어진 가지는 잎을 따기 쉬우니까 수양버들이 제격이라고 생각했다. 그러나 달랑 한 그루였고 그것도 잎이 누렇게 변해 있어 보기가 안쓰러웠다. 몇 그루 더 보식(補植) 했으면 좋겠다는 생각을 하며 발길을 돌렸다.

부자로 살면서 가난한 이웃을 외면하지 않다

류이주와 구례 운조루 회양목

부자로 살면서도 가난한 이웃을 외면하지 않았던 인물 류이주 선생이 살았던 운조루(雲鳥樓, 중요민속문화재 제8호)를 최근에야 방문할 수 있었다. 명성을 익히 들어서 오랫동안 별러 왔지만, 인연이 닿지 않았다. 섬진강 양안의 벚꽃이 흐드러지게 핀 어느 날 운조루를 찾았다. 우선 큰 규모에 놀랐다. 또한, 영남지방의 반가와 달리 연못을 집 밖에 축조해 놓은 것도 특이했다.

특히 끼니를 때우기 곤란한 사람은 누구나 퍼가도 좋다는 뜻인 타인능해(他人能解)라고 써 둔 쌀독부터 찾았다. 과연 쌀 두 가마니 반이 들어간다는 나무 쌀독이 놓여 있었다. 주인의 이런 배려로 동학농민전쟁과 여순사건, 한국전쟁 등 사회가 혼란했던 시기에 가진 자들이 피해를 입을 때에도 운조루는 온전할 수

있었다.

류이주는 문화 류씨 곤산군파 30대 류영삼(柳榮三)과 영천 최씨 사이에서 대구 동구 입석동에서 3남 중 둘째로 태어났다. 아호는 귀만(歸晩), 또는 귀만와(歸晩窩)였다. 어려서는 친구들과 몰려다니며 사냥을 즐기는 등 학문에 뜻을 두지 않았다고 한다. 그러나 부모에 대한 효심이 극진하고, 불의를 보면 참지 못하는 기개를 갖고 있었다.

17세에 서울로 올라가서, 1753년(영조 29) 28세에 무과에 급제

가난한 사람 누구나 퍼가도 좋다는 뜻의 쌀독

했다. 1755년(영조 31) 총융사 홍봉한(洪鳳漢)이 류이주가 문경새재에서 채찍으로 호랑이를 쫓아 보낸 일을 상세히 보고하자 영조가 류이주를 불러 당시 상황을 말하게 하고, 병서를 읽게 한후에 등용하였다. 1767년(영조 43)에 류이주는 수어청 파총(종4품의 무관직)이 되어 남한산성을 쌓는 일에 동원되었다. 1773년(영조 49)에는 낙안의 세선(稅船, 나라에 바치는 곡식을 실어 나르는 배)이부서져 조세가 제때에 올라오지 못하자 영조는 당시 낙안 군수였던 류이주를 세미(稅米, 조세로 나라에 바치던 쌀) 이외에 다른 물품들을 함께 실어 배를 파손시킨 죄로 삼수로 유배시켰다.

이듬해 풀려난 류이주는 가족을 거느리고 전라남도 구례군 문척면 월평으로 갔다가 다시 토지면 오미리로 이주하였다. 류이주가 이주한 땅은 본래 지역의 토호인 재령 이씨 일가 소유였으며, 돌이 많고 척박하였으나 풍수지리로 볼 때 미녀가 금가락지를 떨어뜨린 형상의 명당으로 전해내려 왔다. 류이주는 이곳에 정착하기로 하고 훗날 조선 시대의 대표적인 양반 주택으로 평가받는 운조루(雲鳥樓)를 구상하기 시작하였다.

1776년(정조 1) 정조가 등극하면서 류이주는 가선대부 오위장으로 관직에 복귀하고 함흥성을 쌓는 업무를 맡았다. 이후 상주 영장을 거쳐 풍천부사로 전직되었다. 류이주는 관직 생활 중 대규모 국가 건축 공사를 맡아 진행시킨 경험을 바탕으로 직접 운조루를 설계하였으며, 공사는 조카인 류덕호(柳德浩)가 맡았다. 운조루는 1776년(정조 1) 9월 16일 상량식을 가졌고, 1782년(정조 6) 류이주가 용천 부사로 있을 때 완성했다. 긴 공사 끝에 99칸의 저택이 완성되자 류이주는 일가친척들을 모아 함께 살도록 하였다. 1790년(정조 14) 재령 이씨와 혼인한 조카 류덕호를 양자로 들여 재령 이씨와 인척 관계를 맺게 되면서, 운조루의 집터 또한 완전하게 양도 받게 되었다고 한다.

운조루는 대대로 부귀영화를 누릴 수 있는 터에 지어진 집이다. 대구 출신의 류이주가 낯선 이곳에 터를 잡은 것은 낙안 군수로 근무할 때 지나치다가 점지해 두었던 것이다. 행랑채, 사랑채, 안채, 사당으로 99칸의 큰 집이었으나 지금은 55칸만 남아 있다. 정원도 잘 가꾸어져 매화와 동백꽃이 활짝 피어 집주인의 고아한 취향을 느낄 수 있었지만 가장 돋보이는 나무는 회양목이었다. 재질이 단단해 주로 도장 만드는 데 쓰이고 조경지와 보도 등을 구획할 때 울타리로 심는 늘 푸른 떨기나무다. 따라서 매년 짧게 전정을 해 그대로 자라도록 놔둔 나무는 쉽게 볼 수 없다. 그러나 운조루 회양목은 단목으로 심어져 있을 뿐 아니라, 크고 굵었다. 건축 당시 류이주가 심은 것으로 보이는데 그렇다면 수령이 230여 년 정도 된다.

바위가 밖으로 보이면 가난해진다

해남 윤씨의 상징 덕음산 비자나무 숲

가사 문학의 대가 고산 윤선도의 4대조 윤효정(尹孝貞, 1476~ 1543)이 터를 잡고 덕음산의 바위가 밖으로 드러나면 가난해진 다 하여 이를 숨기려고 일부러 조성한 비자나무 숲(천연기념물 제 241호)을 보기 위해 나섰다.

칼럼리스트 조용원이 모 일간지에 〈미술 3가(美術三家)〉라는 제목으로 해남 윤씨 집안을 소개한 적이 있는데 옮겨 보면 다음 과 같다.

"노론(老論)이 200년 장기 집권에 들어가기 시작하는 17세기 말엽부터 남인(南人)은 춥고 배고픈 야당이 되었다. 남인 중에 서도 영남 남인(嶺南南人)들은 완전히 끈 떨어진 신세가 되었다.

고산의 4대조가 조성한 비자나무 숲

춥고 배고팠던 영남 남인들의 정신적 구심점은 도산서원이었
다. 퇴계학이 그 굶주림과 외로움을 극복하게 하였다. 사정이
조금 나았던 기호 남인(畿湖南人)들이 모였던 살롱은 해남의 고
산(孤山) 윤선도 저택인 녹우당(綠雨堂)이었다. 지금도 그렇지만
녹우당은 500년 동안 호남의 알아주는 부잣집이었다. 손님 대
접이 후했다. 몇 달 동안의 숙식제공은 물론이거니와 돌아가
는 손님들에게 노잣돈도 두툼하게 지급할 정도로 재력이 있
었다. 이 녹우당에서 기호 남인의 예술혼이 꽃피었다. 재력도
있고, 벼슬길은 봉쇄당한 상태이고, 재능이 있었던 사람이 갈

녹우당 사랑채

길은 예업(藝業)이었던 것이다.

필자가 보기에 해남 윤씨 집안에서 배출한 문인화가인 윤두서(1668~1715)와 윤용(1708~1740)은 오늘날 호남을 예향(藝鄕)으로 부르게 되는 원인을 제공한 사람들이라고 보아도 큰 무리는 아니다. 남종화의 대가인 허소치(許小痴)도 녹우당의 영향권 내에 있었으므로, 허소치의 맥인 목포의 '남농미술관'과 광주 '의재미술관'의 연원을 거슬러 올라가면 녹우당에 당도하게 되어 있다. 우리나라 집안 가운데서 근래에 녹우당의 미술사적 위치에 필적할 만한 집안이 서울 성북동의 간송(澗松) 전형

보길도 세연정

필 집안이다.

현재의 간송미술관은 바로 그 간송 집안이 보여준 '노블레스 오블리주'의 상징이라고 생각된다. 녹우당과 간송 집안 다음으로 미술품 수집에 많은 투자를 한 집안이 삼성가(三星家)로 알고 있다. 호암 이병철도 고미술품에 특별한 안목이 있었고, 그 며느리인 홍라희 대에 이르러 세계적 수준의 미술관인 '리움'이 한남동에 들어섰다. 이제 리움이 해야 할 중요한 일이 남았다. 어떻게 하면 녹우당과 간송 집안처럼 존경받을 수 있을 것인가?' 하는 내용이다.

이 글에서 해남 윤씨는 호남을 기반으로 하지만 남인(南人)에 속했으며 여러 대에 걸쳐 적선을 베풀고, 우리나라 미술발전에 크게 이바지한 삼대(三大) 문중의 한 집안임을 알 수 있다. 그러나 이 집안을 반석에 올린 분은 윤두서의 증조부 고산 윤선도(1587~1671)다. 윤선도는 재임 중 봉림, 인평 두 왕자의 스승으로 활동하면서 관료로서 기반을 닦았으나 노론의 견제에 벼슬을 버리고 낙향한다.

병자호란이 일어나자 의병을 이끌고 강화도에 다다랐으나 화의를 맺었다는 소식을 듣고는 세상과 등질 결심을 하고 제주도로 향하다가 보길도에 정착하여 여생을 마칠 곳으로 삼았다.

그러나 인조의 부름을 거부해 경상북도 영덕으로 유배되었다
가 다음해 풀려났다. 다시 보길도로 돌아가 정자를 짓고 시를
쓰면서 조용히 살았다. 그러나 효종이 즉위하면서 또다시 불렀
으나 끝내 나아가지 않았다. 1639년 효종이 죽고 인조의 계비
자의대비의 복제(服制)문제로 송시열과 맞서다가 함경도 삼수
(三水)로 유배되어야 했다. 그후 유배에서 풀려나 1671(효종 12)
85세로 돌아가셨다. 대표작 오우가, 어부사시사 등은 국문학
사상 최고 걸작으로 정철, 박인로와 함께 조선 3대 가사문학가
로 평가받고 있다. 이조판서로 추증되고 충헌(忠憲)이라는 시호
가 내려졌다.

늦은 아침 해남 윤씨 종가인 녹우당(사적 제167호)으로 향했다.
고산과 윤두서의 삶과 예술혼이 배어 있는 곳이다. 해남 윤문의
상징인 덕음산 비자나무 숲은 종가 뒤편에 있다. 녹우(綠雨)는
우거진 비자나무 숲이 바람에 흔들릴 때 쏴하며 비가 내리는 소
리와 같다고 하여 부쳤다고 한다. 그러나 이곳에도 편백나무 등
외래 수종이 많이 자라고 있다. 제거하고 그 자리에 비자나무를
더 보식해야 할 것 같다. 해남 윤씨가 명문으로 자리 잡은 것은
우연히 이루어진 것이 아니다. 후손들의 번성을 기원하는 뜻을
담아 숲을 조성한 선조의 정성과 이웃을 배려하는 마음, 그리고
살아가면서 덕을 쌓은 데서 비롯된 것이다.

집안에 심으면 우환이 없어진다

학포 양팽손과 화순 월곡리 무환자나무

  해마다 식목일을 전후해 산림청이나 지자체는 '나무 나누어 주기' 행사를 벌인다. 기간 중 많은 시민이 줄을 설 정도로 참여하지만, 아파트는 이미 심어 놓은 나무들이 많고, 단독 주택은 공간이 좁아 심을 곳이 없다. 사정이 이렇다 보니 매화, 개나리 등 주로 작은 나무를 나누어 주는데 이렇게 해서는 시민이 바라는 숲이 우거진 도시를 만들기 어렵고, 조경수를 판매하는 양묘업자들과 경합하여 그들의 경제 활동을 위축시킨다. 이러한 점을 개선하기 위해서 구상했던 방안의 하나가 시민들이 좋아하면서도 장차 크게 자랄 수 있는 나무들을 보급하는 일이었다. 이때 채택했던 수종이 엄나무와 무환자나무였다.

  엄나무는 줄기에 가시가 있어 민속적으로 대문 쪽에 심으면

학포 양팽손이 심은 무환자나무

잡귀(雜鬼)가 들어오지 않는다고 하고, 무환자(無患者)나무는 집
안에 심으면 모든 우환(憂患)이 없어진다는 속설이 있기 때문이
다. 이런 의미 있는 나무를 나누어 주면 일부러 부탁하지 않아
도 잘 가꿀 것이기 때문이다. 그런데 두 나무 모두 2년 만에 발
아하는 특징이 있어 번식하는 데 시간이 걸리고, 특히 무환자나
무는 씨가 열리는 모수(母樹)가 많지 않다.

학포 선생 부조묘

신문을 보니 화순군이 1580년경 학포(學圃) 양팽손(梁彭孫, 1488 ~1545)이 심은 부조묘 뒷산의 큰 무환자나무를 천연기념물로 지정할 것이라 했다. 전남 화순군 도곡면 월곡리 달아실 마을로 향했다. 제주가 본향인 그들이 마을에 정착한 것은 나주에 살던 양담(梁湛, 1430~1495)으로부터 비롯되었다고 한다. 그가 이곳에 정착한 이후 제주 양씨는 많은 인재를 배출하여 호남의 명문가

달아실 마을 표지석

로 자리 잡았는데, 가장 돋보이는 분이 학포다.

　양팽손은 아버지 양이하(梁以河)와 어머니 최 씨 사이에 태어났다. 13살 때 송순, 나세찬 등과 함께 송흠(宋欽)에게 나아가 학문을 배워 1510년(중종 5) 생원시에 합격하였다. 이때 같이 합격한 사람 중 한 분이 조광조(趙光祖)였으며, 그와의 만남은 학포의 일생일대에 큰 영향을 미쳤다. 1516년(중종 16) 문과에 급제하고 또한 현량과에도 합격했다. 이후 정언, 수찬, 교리 등 요직에 근무했으며 사가독서의 영광도 누렸다. 정언으로 재직 시 이성언을 탄핵한 일을 대신들이 못마땅하게 여겨 체직을 되기도 했으나 김정 등 신진사류들로부터 올곧게 언로를 유지한 인물로 평가받았다.

기묘사화 때 조광조를 두둔하는 상소를 올렸으나 오히려 파직당하고 고향으로 돌아와 학포당을 지어 독서로 소일했다. 이 무렵 친교를 맺은 인물이 기준, 박세희, 최산두 등 이른바 기묘명현들이다. 때마침 조광조가 능주로 유배를 오니 그와 더불어 학문을 논하다가 사약을 받고 죽자 시신을 수습해 가매장해 두었다가 그의 고향 용인에 안장토록 했다.

1539년(중종 34) 다시 관직이 제수 되었으나 사양했다. 1544년(중종 39) 김안로가 사사되자 용담현령에 잠시 나갔다가 곧 사임했다. 이듬해 1545년(인조 1) 58세로 돌아가셨다. 1630년(인조 8) 능주의 죽수서원에 배향되고, 1818년(순조 18) 순천의 용강서원에 추향되었다. 시호는 혜강(惠康)이며 이조판서에 추증되었다. 저서로 《학포유집》이 있다. 시, 서, 화에 능했고 특히 남종화를 잘 그려 윤두서, 허련이 그의 맥을 이었다. 작품 〈산수도〉가 국립중앙박물관에 소장되어 있다.

두 아들 응태와 응정 모두 대과에 급제했으며 특히 응정은 가사문학의 대가 송강 정철의 스승이다.

우리나라에서 문화재로 등록된 무환자나무는 제주도에 단 한 그루밖에 없다. 따라서 명문의 혼이 깃든 수령 400여 년의 이 나무도 법적인 보호를 받아야 한다.

현장을 찾으니 길이 없어 접근하기가 불편하였으나 생육 상태는 매우 양호했다. 그러나 귀중한 생명문화유산에 대하여 당국과 문중 모두 소홀히 대하는 것 같다. 마을은 문화재로 지정된 양반가문의 고가(古家)들이 여러 채 있어 명문이라는 것을 피부로 느낄 수 있었다.

전북권

논개와 장수군청의 의암송 · 진묵조사와 김제 망해사
팽나무

기생으로 위장하여 왜장과 함께 죽다

논개와 장수군청의 의암송

나무를 찾아다니면서 역사의 뒤안길에 묻혀있던 것을 새로
알게 되는 경우가 많았다. 논개에 대해서도 마찬가지였다. 진주
남강에서 왜장 게야무라 로꾸스케(毛谷村文助)를 끌어안고 순국
한 사실은 이미 알려진 이야기지만 논개의 성이 주(朱) 씨며, 전
북 장수(長水) 출신으로 기생(妓生)이 아니라 같은 시대에 진주성
에서 싸우다가 장렬히 전사한 화순 출신 의병장이자 경상우도
병마절도사를 지낸 일휴당 최경회(崔慶會, 1532~1593)의 부실(副室)
이었다는 것도 새로 알게 되었다.

전라북도 장수군청 앞마당에는 논개가 심은 의암송(義巖松, 천
연기념물 제397호)과 젊은 시절 이곳에서 현감을 지낸 최경회가 심
었다는 큰 은행나무가 있다.

논개가 심었다는 의암송(사진, 장수 군청)

　논개는 1574년(선조 7) 장수군 장계면 주촌리에서 주달문과 밀양 박씨 사이에 무남독녀로 태어났다. 아버지가 일찍 죽어 가세가 기울자 삼촌이 돈 많은 이웃 마을 김풍헌의 장애인 아들에게 돈을 받고 팔았다. 이 사실을 들은 어머니 박 씨는 논개를 데리고 친정이 있는 경상도로 도망을 갔다. 돈을 날리게 된 김풍헌은 관가에 고발하게 되고 잡혀 온 모녀는 당시 장수 현감이었던 최경회로부터 문초를 받았다. 그러나 본인들이 저지른 죄가 아니므로 무죄로 풀려나게 된다. 그러나 죄는 벗어났지만 갈 곳이 없었다. 처지를 딱하게 여긴 최 현감의 주선으로 모녀는 관아

논개 상반신

일을 돌보는 종이 되었다. 이때가 논개 나이 6살이었다. 이 일이 인연이 되어 오갈 때 없는 그들은 최경회가 임지를 옮길 때마다 데리고 다녔다. 본디 성실해 선정을 펼친 최 현감은 담양 부사로 영전하게 되었다. 이때 논개는 17살, 꽃다운 처녀였다.

공교롭게도 늘 몸이 불편했던 부인이 논개를 부실로 추천하니 마침내 최 부사(府使)에게 몸과 마음을 다 바쳐 수발할 수 있게 되었다. 그러나 행복도 잠시 1590년(선조 23) 최 부사의 모친이 돌아가시자 효행이 깊었던 최 부사는 시묘(侍墓)를 위해 논개를 고향으로 돌려보냈다. 그해가 1591년(선조 24) 전운이 감돌던

의암사

시기였다.

　1592년 4월 드디어 왜란이 일어나고 미리 대비하지 못했던 조선은 파죽지세로 몰려오는 왜적에게 강토가 유린당했다. 이 때 경상도에서는 곽재우 등이, 전라도에서는 고경명 등이 의병을 일으켰다. 최 부사는 상중에 있었고 건강마저 좋지 않아 싸움에 나가는 대신 장형 경운과 중형 경진과 더불어 고사정(지금의 화순읍 삼천리)에 의병청을 설치하고 여러 고을에 격문을 보내 의병 300여 명을 모아 장조카 홍재의 인솔 하에 친구 고경명 휘하로 보냈다. 그러나 고경명이 금산전투에서 전사하고 함께 활동하던 문홍헌이 달려와 의병들을 이끌어 줄 것을 간청하자 장자와 차자 조카 등과 함께 그해 8월 의병대장으로 추대되었다. 남원을 거쳐 장수로 진출했다. 장수는 그가 15여 년 전 현감으로 재직했던 곳이라 의병을 모으고 군량을 조달하기 쉬운 곳일 뿐 아니라, 전라도로 넘어오는 왜군을 막기 적합한 곳이었다.

그가 의병을 훈련시키던 월강평(月岡坪, 사후 그를 기리는 월강사가 세워졌다)은 논개가 사는 주촌과 그리 멀지 않은 곳이다. 이때 논개도 참가하여 의병들의 식사며 빨래 등 허드렛일을 거들었다. 부부의 연을 맺고 헤어진 후 첫 만남이었다. 최경회는 의병들을 이끌고 금산성, 무주 등에서 왜적과 싸워 큰 전공을 세웠다.

그즈음 진주성이 위험하다며 지원을 요청해 왔다. 일부 의병들이 전라도를 지키는 것도 어려운데 진주까지 먼 길을 가서 지원할 필요가 있느냐고 항의했지만 '영남도 우리 땅'이라며 설득시켜 임란 3대첩의 하나인 '진주대첩'을 승리로 이끄는데 크게 기여했다. 최경회의 전공이 경상도 관찰사 김성일에 의해 선조에게 보고되고, 1593년(선조 26) '경상우도병마절도사'로 임명되었다.

그러나 왜란은 한 치 앞도 내다볼 수 없을 만큼 치열했다. 1593년 6월 2차 진주성 싸움에는 수많은 희생자를 내고 결국

패하고 말았다. 최경회 역시 최후까지 싸우다가 남강에 투신했다. 조정에서는 이조판서 겸 대제학에 추증하고 진주 충렬사에 모셔졌다. 1627년(인조 5)에는 좌찬성에 추서되고 1747년(영조 23)에는 충의(忠毅)라는 시호가 내려졌다.

논개 역시 최경회의 만류에도 불구하고 진주성 전투에 가담 의병들을 뒷바라지했다. 왜군이 승전 잔치를 벌이는 날 기생으로 위장하여 그녀가 그토록 사랑한 남편의 원수이자 나라의 원수인 왜장을 끌어안고 남강으로 뛰어들었다. 그때 나이 꽃다운 20세였다.

최경회와 첫 인연을 맺었던 장수군청의 뜰에는 그녀가 심었다는 소나무, 의암송이 그녀의 충절처럼 지금도 푸르다.

비록 승려라고 하지만 사실은 선비이다

진묵조사와 김제 망해사 팽나무

　'바다를 바라보는 절' 이라는 이름을 가진 망해사(望海寺)는 전
국에 두 곳이 있다. 한 곳은 전라북도 김제시 진봉면 심포리이
고, 다른 한 곳은 울산시 울주군 청량면 율리다. 김제의 망해사
는 671년(문무왕 11) 부설 거사라는 출가하지 않는 사람에 의해,
울주군 청량면의 망해사는 헌강왕(재위, 875~886) 대에 왕명에 의
해 창건된 절이다. 우선 김제의 망해사를 찾아보기로 했다. 그
곳에는 조선 중기 학승으로 명성이 높았던 진묵 조사가 심은 팽
나무(전북 기념물 제114호)가 있기 때문이다.

　스님은 법명이 일옥(一玉), 법호는 진묵(震黙)으로 1562년(명종
17) 만경현 불거촌(佛居村, 현 김제시 만경읍 대진리)에서 태어났다. 7
세 되던 해 전주의 서방산 봉서사(鳳棲寺)로 출가했다. 불경을 읽

진묵조사가 심은 망해사 팽나무

는데 한 번 보면 다 외워 아무도 그를 가르칠 수 없었다. 언젠가 주지가 어린 그에게 신장단(神將壇)에 향불을 올리는 일을 시켰다. 얼마 후, 주지의 꿈에 '우리는 부처님을 호위하는 신장(神將)인데 부처님이 오히려 우리를 위해 향을 올려 불안하다. 어서 그만두도록 해 달라' 하여 즉시 중지시켰다. 그때부터 스님이 범상한 인물이 아님을 알았다고 한다.

스님은 많은 이적(異蹟)을 했다. 봉서사에서 5리 쯤 떨어진 곳에 살고 있던 김장생의 제자 봉곡(鳳谷) 김동준(金東準, 1573~1661)과 친하게 지냈다. 하루는 봉곡이 〈주자강목(朱子綱目)〉을 빌려

망해사 극락전. 앞의 건물이 스님이 지었다는 낙서전

주고 하인을 딸려 보냈다. 책을 바랑에 넣은 스님은 길을 걸으며 한 권씩 꺼내 대강대강 훑어본 뒤 한 권 한 권 땅에 떨어뜨리고 발문만을 가지고 절로 돌아갔다. 뒷날 봉곡이 스님에게 물었다. '책을 빌려가서 버리는 것은 무엇 때문이요.' 하였더니 스님이 대답하기를 '득어망전(得魚忘筌) 즉 고기를 잡은 뒤에는 통발을 잊는 법이지요.' 하였다. 봉곡이 강목을 꺼내 진묵에게 그 내용을 물으니 한 글자도 틀림없이 대답했다. 어머니가 돌아가시자 유앙산(維仰山, 현 김제시, 만경읍 화포리) 길지에 장사를 지냈다. 지금도 해마다 마을 사람들이 서로 제사를 올리고 풀을 깎으려고 하는데 그렇게 하는 사람의 농사는 풍년이 든다고 한다.

1633년(인조 11) 열반하니 세수 72세, 법랍 52세였다. 부음을 접한 봉곡 선생이 '비록 승려라고 하지만 사실은 선비이다. 슬픔을 억누를 길이 없구나' 라고 하였다고 한다. 스님의 어록은 다성(茶聖)으로 추앙받는 초의선사가 지었다.

망해사에는 팽나무가 두 그루 있다. 1589년(선조 22) 낙서전(樂西殿, 전북 문화재자료 제128호)을 준공하고 심은 것이라고 하니 400여 년 전이다. 각기 높이가 21m, 17m이다.

낙서(樂西)는 서해바다를 보는 즐거움이 있는 집이라는 뜻이다. 그러나 스님이 즐겨보았던 앞바다는 지금 새만금 방조제 공사로 내해(內海)가 되었다.